工芸三都物語

遠くの町と手としごと

三谷龍二

もくじ

福井

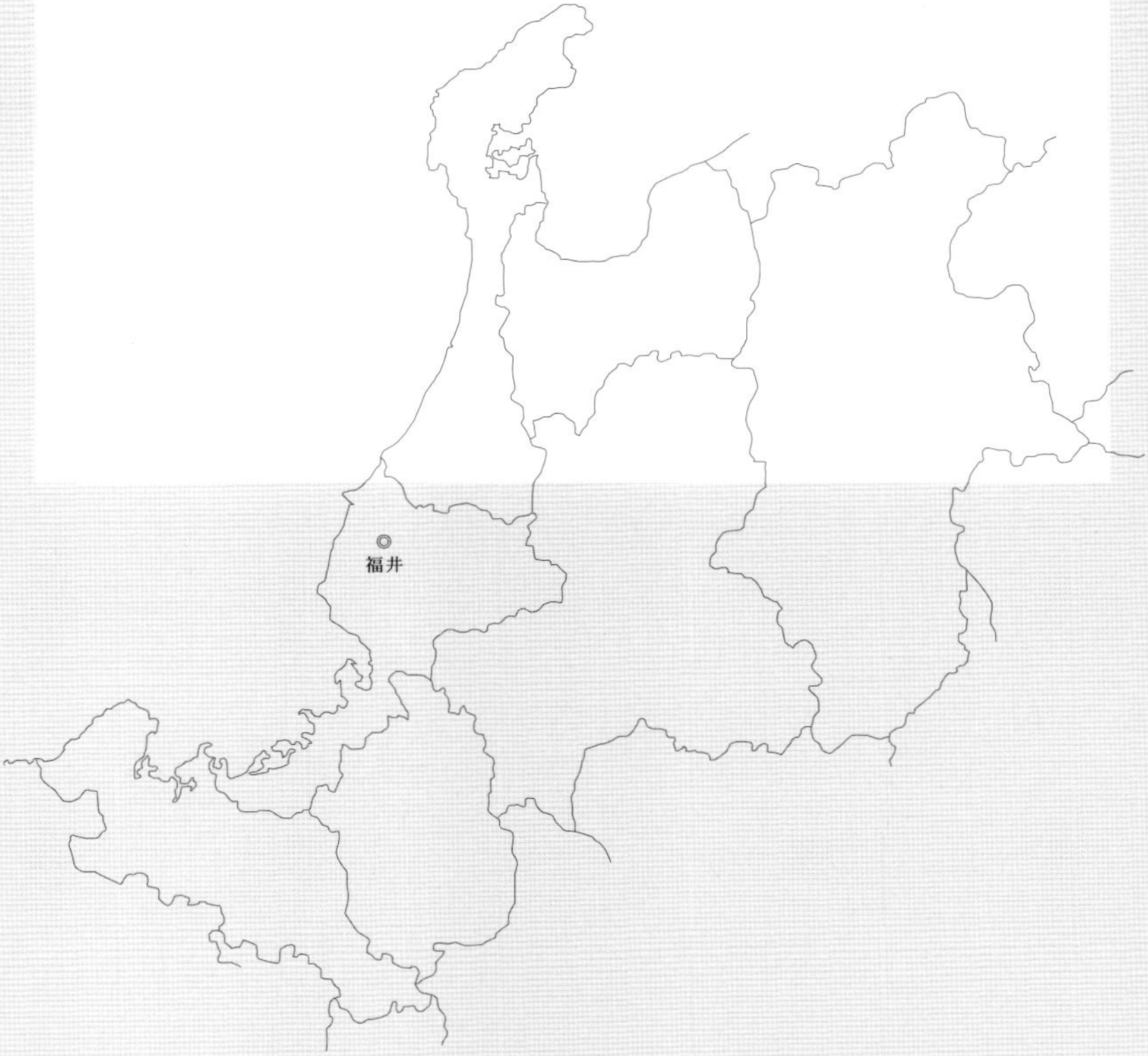

福井へ　旅のはじまり

僕は北陸の町福井市に生まれ、そこで十八歳まで暮らしました。その後父の仕事の都合で関西に越すことになり、大阪と京都に合わせて八年間おりました。そして現在住んでいる松本へ移ってきたわけですが、途中半年ばかり東京にいましたが、本当に僕が住んだのはこの三つの町でした。

ところが振り返ると、松本に住むまでの間「工芸」について、僕はほとんど無関心で過ごしていたように思います。今、木の仕事を始めてから三十年近くになりますが、その間考え、興味が尽きなかったこの仕事のことを、その前までの僕は少しも気にかけたことがなかったということに、我ながら驚くくらいです。いったい僕のなかのどこに根があって、工芸への関心が生まれたのだろう。いや、考えてみればこれは普通のことだといえるかもしれません。十代や二十代で工芸に関心がある、という人の方がむしろ少ないはずですから。でも暮らしの道具を作る工芸が、実は暮らしとそれほど近くないかもしれない。そんなふうに工芸と暮らしの遠くて近い関係のことを思うようになりました。

高校生になると、急にファッションに目覚めるものですが（今はもっと早いでしょう）、僕らの頃の流行はアイビーでした。ボタンダウンにコットンパンツを合わせて、駅前のレコード店やジャズ喫茶に通っていました。本には「トラッドには約束事があり、それをまず身に付けること」とあり、もの選びにルールがあることを知りました。

音楽も好きで、親にせがんで安いエレキギターとグヤトーンのアンプを買ってもらいました。毎日ギターを弾いて、中学からの友人とバンドを組んで、ビートルズやママス・アンド・パパスをコピーしました。

絵を描くことも好きで、漫画も描きました。友人の小林君と二人で、毎月二、三冊のペースの肉筆回覧誌を作って、自分たちのクラスと隣のクラスにだけ回しました。そういえば本当に彼の家にはよく遊びに行きました。小林君の家は桐ダンス屋で、少し薄暗い木の床の仕事場には、彼のお父さんと職人さんの働く姿が見えました。引き出しを鉋《かんな》で削って仕込んでいたり、奥の機械場で板を削っていたり。

高校は美術部でしたが、二年の時モダンアートの作家が教師として赴任してきて美術を教えはじめました。しかし若いということは恐ろしいもの、昨年まで風景画を描いていた部員が、五月にはたちまち現代美術（?）を作りはじめたのですから。現代美術のことなど何もわからないのに、興味だけは皆強くて、僕も木箱を作ったり、布や自然石、金属などを組み合わせて、意味ありげなもの（?）を作ったりしていたのです。でもその時、木、石、布、金属など、いろんな素材に触れることができたのはよかったと思っています。

パスタをはじめて作ったのも、その頃でした。兄が買ってきた伊丹十三の『女たちよ』を見ながら、台所に立ってカルボナーラを作った。アルデンテでなくてはならない（難しい茹で具合）とか、料理にもなかなか理屈があるみたいでしたが、そればかりか生活全般に厳格な態度でのぞむ伊丹さんの文にしびれました（カルボナーラの作り方は、今僕がやっているやり方とはずいぶん違いますが）。

十代後半の男の子の頭のなかは、そんな風にさまざまな分野に関心が増えていったのですが、それでも工芸はまだまだ霧の向こうでした。

今になって暮らしの道具に関心を持つようになると、暮らしと工芸のことを考えたりします。工芸なんて知らない、とそんな暮らしを僕自身もしてきたわけだし、ほとんどの人がそんな暮らしをしているのだろうと思うのですが、その一方で暮らしの道具を作るために手間を惜しまず、多くのことを学びながら、少しでも人の暮らしの役に立つ美しい道具を作ろうと努力している人たちがいることも僕は知っています。ようやくその両方の世界を眺めることができるようになった今、もう一度自分が長い間過ごした福井、京都、松本の三つの町を歩いて、自分のよく知った町と、その町に今も息づく工芸の世界を訪ねてみたいと思いました。記憶の眼と現在の眼、そんなトンボの眼をそのままに旅をしたら何が見えるだろうか、と。

そこでまず僕は、福井へと向かう列車に乗ったのです。

塩屋海岸

大聖寺町

奈良の知人より借りた我谷盆（手前）と
自分で作った写し

八幡宮に納められた
中筋太助作の大きな
彫り額

平沢家に伝わる盆

我谷村の
あったあたり

林龍代作の我谷盆（上）と盛器（下）

岩佐の
黒板屋

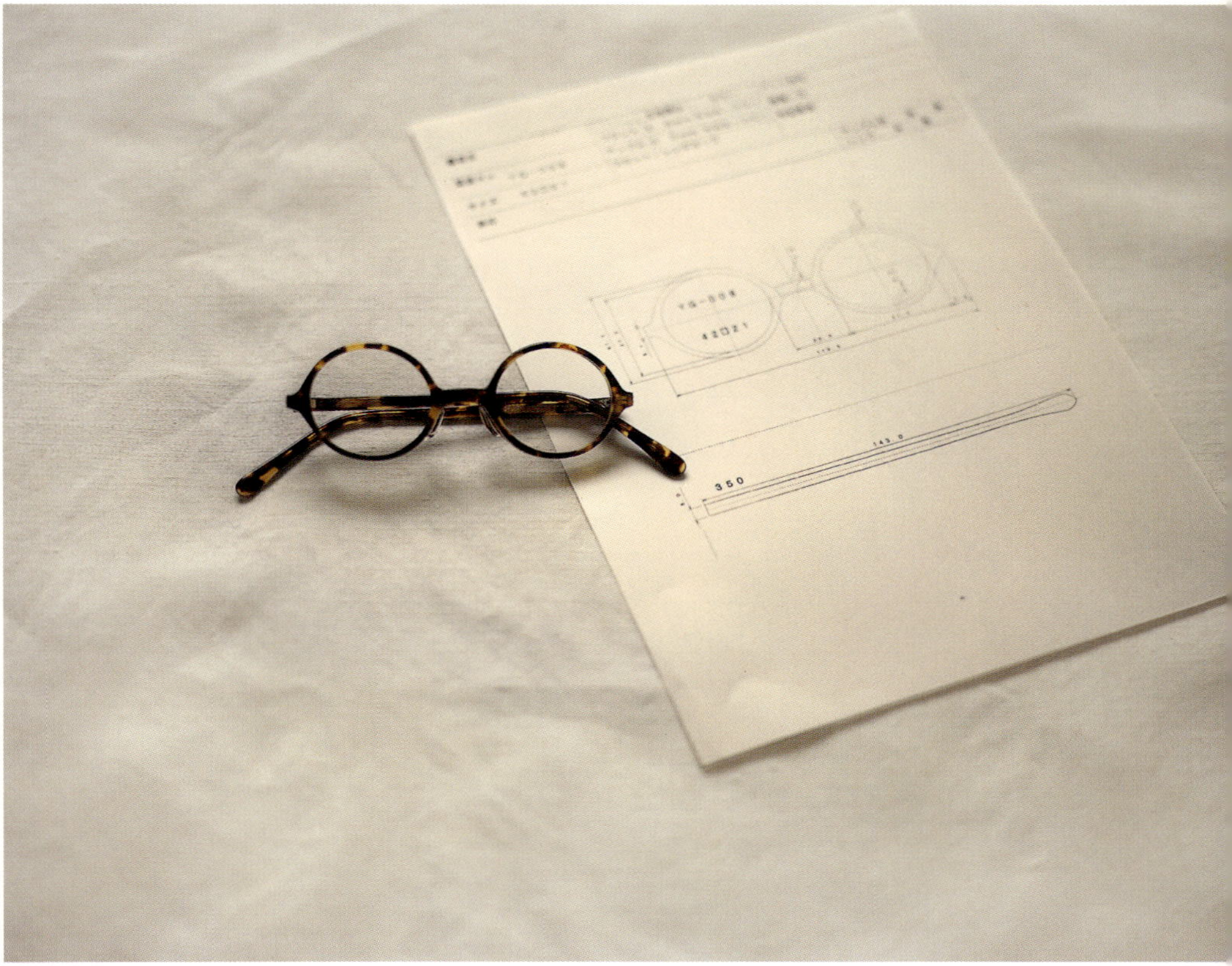

特注の眼鏡

河和田の町

小橋敬一さんの
漆盆と座卓（左）

小橋さんの工房

朽ちて、
まるで木の精のように見える砧
（横田利宏さん蔵）

横田さんの杉のトレイ

我谷盆《わがたぼん》

福井県と石川県が接するあたりに大聖寺という古い町があります。そこの瀬越に叔母が住んでいたので、夏休みになると母や兄弟たちと連れ立って出かけ、大聖寺川河口の塩屋海岸で海水浴を一日中楽しんだことがあります。いとこたちと行く海水浴は楽しかったのですが、でもまだ小さかったので海は怖かった。僕は浮き袋の輪のなかにすっぽりからだを通して海に入り、叔父がその浮き輪に手を掛けて少しずつ沖の方に引っ張ってくれました。でも浜から離れるにしたがい、僕の両手には力が入り、浮き輪を鷲掴みしているその指先は、ビニールが破れるくらい食い込んでいました。

波が不規則にからだを持ち上げたり、下ろしたりする感じも苦手でした。うねる波に持ち上げられて突然からだが浮き上がるたびに、揺れる飛行機に乗った時のような気持ち悪さを感じて、不安でした。海という自分を遥かに越えた力に支配され、僕はからだの自由を奪われ、狼《うろ》狽《た》えていたのです。すこし水のなかに顔を沈めると、そこには浜から見た海の表情とはまったく違った、もうひとつの海の世界が広がっていました。その暗がりはどこまでも静かで、得体が知れなく、もやもやぐわぐわした気配を放っていたのです。

でも陸に戻ると沖での印象がウソのように、海はもとの穏やかな表情に戻っていました。空と海はどこまでも広がり、波はきらきらと光っている。その後浜辺で砂遊びをしたのですが、子供は現金なもので、「やっぱり海は楽しい」と、けろっと立ち直っていたのです。

塩水と砂をシャワーで落とし、熱い真夏の砂浜を後にしました。楽しい海と怖い海。子供心に、海にはふたつの違った表情があるのだということを、その日に僕は知りました。浜辺から見ただけではわからなかった「もうひとつの海」が、あの波の下にあるのだということを。

浜辺で数時間過ごした後、叔母の家に戻り縁側で西瓜を食べ、そしてホウズキ笛を作りました。大聖寺は加賀藩の支藩で城下町として栄え、九谷焼の発祥地として有名で、お茶などの文化も盛んです。叔母の家も土塀に囲まれた大きな屋敷で、その広い庭は緑に溢れ、蟬が唸るように鳴いていていました。

その大聖寺のすぐ側に、今回出かけた我谷《わがた》村があります。我谷村のことは、ここで作られた木器を通じて知りました。一般に我谷盆といわれ、裏表ぐるっと刀で彫って作った盆です。特徴は食器をのせる見込みのところに彫られた深い筋状の鑿《のみ》跡で、規則的に並んだ縞が美しい盆なのです。判っているところでは江戸後期から明治にかけて作られたもので、ほとんどは自家用の道具として村のなかで使用されていたものでした。もちろんなかには腕の立つ人がいて、まとめて作って、近くの山中温泉で湯治客相手の土産物として売ったり、大聖寺の町に出て、売り歩く人もあったそうです。

材料は栗が使われました。栗は木目に沿って割れやすい性質があるため、鉈《なた》を丸太の木口に当て、上から金槌などで叩いて、割り開いて板にする材料として適しています。現在のように鋸《のこぎり》で丸太を製材する（板にする）技術が発達する以前は、この鉈で割って板にする割木工の方法が多く用いられていました。我谷村にはもともと板屋根を葺く材料のヘギ板を、栗材を使って作る職人が多くいたらしく、このヘギ板を作るために用意した材料のなかから、幅の広い良材を別にして、それを自家用のお盆や食器の材料として使ったようでした。

現在は陶磁器が食器の中心ですが、陶磁器が一般に広まったのは江戸後期から明治にかけてといいます。それ以前の庶民の器には、木が広く使われていたようでした。亭主が家族の使う分を自前で作ったりするわけですが、木器は普段使いですから漆器のように蔵にしまわれることもなく、使い終わったら破棄され、そのせいでしょうか、現在まで残るものは不思議なほど少ないのです。捨てられた木器は腐食し、そのまま土に帰ってしまったのです。そうしたなかにあって我谷盆は、庶民の木器がどのようなものであったか、古い木工のかたちを知る上で貴重な手がかりだと思います。恐らくこの地方だけではなく、全国いたるところでこうした木器は作られ、生活のなかで使われていたことが想像できるからです。

我谷盆は我谷村で作られたところからそう呼ばれていますが、実は村では太助盆といわれていました。江戸後期、この村に住む中筋太助という人がこうした盆を作りはじめ、その後村人が太助盆をまねて、盆を作るようになったからでした。確かに太助作と伝えられている八幡宮

太助盆。
脚部は二代目太助による

に収められた文字の入った大きな彫り額や、中筋家に伝わる盆を見ると、ほかの我谷盆のなかでも、一番きれいな仕上がりです。その曾孫に当たる人も二代目太助を名乗って製作したようでしたが、初代の作った盆に造作を加えた仕事などを見る限り、残念ながらあまり感心できるものではありませんでした。ただ暮らしに合わせて手を加えられることが木工品の良さであり、使う立場から、その時使いたいように手直しすることは当然のことですから、後からどうこういうことではないでしょう。

ものの価値には多様な面があって、ガラスケースに入れてそのまま保存すればきれいには残りますが、その分残念ながら生活品としての生命感は失われてしまうことになります。生活の道具は汚れ傷んでいても、現役で使われている姿の方が、やはり生き生きしていて、魅力的です。太助さんの後、我谷村で盆を作っていた平沢さんの家に伝わる盆は、長く使って汚れていたので、今のお嬢さんがクレンザーでゴシゴシ磨いてしまったそうです。我谷盆というと写真のように拭き漆をかけたような焦げ茶の色合いが知られていますが、実際には木地のまま使われたもののほうが多かったそうです。クレンザーで白く磨かれた平沢さんのところの我谷盆は、確かに古い味わいは消えてしまいましたが、そのかわり家庭のなかで現役で使われている盆としての、生き生きした生命力がありました。

僕が我谷盆をはじめて見たのは、奈良の知人の家にお邪魔した折です。キッチンカウンターになにげなく置かれた盆に目が止まり、聞くとその人が大阪の道具屋から求めたという我谷盆でした。色は漆とは少し違うつや消しの深い焦げ茶色で、使う人が長い時間をかけて「茶渋で仕上げた」ものだといいます。材はやはり栗で、幅の広い丸鑿で筋彫りされていて、その鑿跡の合わさる稜線のようになったところや、手の触れる角が擦り切れて色が薄くなり、それが素朴なハツリ盆の景色になっていました。それから大分経ってから、大切にしている品と知りつつ、その写し（古いものをそっくり模倣して作ったもの）を作ってみたいと思い「盆をしばらくお借りできないか」とお頼みしてみました。その方は「ウチにあるよりあなたのところにある方が盆もきっと喜ぶから」と、快くお貸しいただけることになり、それからかなりの時間手元に置かせていただき、幸運にもゆっくり我谷盆と過ごすことができたのです。

我谷盆をめぐっては、それから後もさまざまな出会いがありました。ひとつは金沢の友人を訪ねた時です。そのお宅に建築家の女性が遊びに来られ、話をしている時、僕が大聖寺に立ち寄ってきたということから、我谷盆の話になりました。するとその女性は目を輝かせて、「新しい家ができたらいつも、友人の持っている古い我谷盆を借りてその家に置き、上に九谷の白い器をのせるのです。それまで『現場』だったところが、そうするとはじめて人の暮らす『家』になったような気がするから、いつもその儀式をしているのです」と言うのでした。ここにも我谷盆好きがいたのだと話が弾み、建築は現在林さんというパートナーと組んで仕事をしているという。なにげなく僕は「我谷盆の写しなどで黒田辰秋の文に出てくる人も、林さんといいましたよね」と話すと「その林さんの息子さんなのです」「えーっ」ということになって、巡り合わせの面白さに驚いた次第です。

翌日、「急のことで申し訳ありませんが」と連絡をとり、「どうぞ」と言っていただいたので、林さんのお宅にも訪ねることができました。お宅ではお父さんの林龍代さんが作られた我谷盆の写しや製作に使われた道具、そして林さんの作品などを、ゆっくり見せていただくことができました。

林龍代さんの道具

「父は二十代で我谷盆に出会い、でもただそれを復刻するというのではなく、その後自分なりのかたちを作ることに努力した人なのだと思います」

林さんはそう話していました。

もうひとつは岐阜のギャラリーへ行った時です。そこには「自分の作品を見てほしい」と訪ねてくる若い人が多いようで、その日も部屋に木製品が並べてありました。見るとそれが我谷盆だったので興味深く手にしていると、その作者が入ってきました。名は佃さんといい、京都に住む人でした。京都でも森口さんという方が我谷盆の復刻をしている、と聞いていたのでその名を出すと、彼もその方に教わりながら作っているのだといいます。林龍代さんとは違う時代に、また我谷盆の復刻をする人が現れる。そして今後もこうしたかたちで我谷盆は受け継がれていくのでしょう。

ものがどういうかたちで時代を超えて残っていくのか、その仕方を目の当たりに見るようでした。作る人が途絶えた場合でも、かたちが残っていれば、どこかで誰かがまた始めることができるのです。直接つながる徒弟制度のような関係はないのですが、花の種が遠くに飛ばされて、そこで発芽するように、我谷盆の花は我谷村に咲き、その花の種は時代を超えて林さん森口さん、もっと後の佃さんのところへと飛んでいき、そこで芽を出しました。

生活道具は企業ではなく個人の手によって作られるものが多いから、作る人がいなくなると、そのまま途絶えて、消えていくものも多いと思います。作り手は有限の時間のなかでものを作っているのだから、それも仕方がないことだと思います。でも、ものに力さえあれば、どこかでまた誰かがそれを作りはじめ、また暮らしのなかで使われるようになるのでしょう。生活道具はそんな風にして途切れながら、またつながるようなかたちでバトンリレーされ、今日まで伝わってきたのだと思うのです。我谷盆からは、そんな生活道具のあり方も見えてくるのです。

僕が我谷村を訪れたその日も、シボシボと雨の降る日でした。昭和三十七年、ダムができたために水没した我谷村のあったあたりに出かけてみると、ちょうど村の真上に赤い吊り橋が架かっていました。濡れた谷の深い緑と灰色のダム湖の、その沈んだ色合いの景色のなかに、ひとつだけ赤い鉄の吊り橋が水平に架かる様子は、美しいコントラストを作っていて、まるでかつてそこに暮らした人たちのための、モニュメントのようでした。ダム湖の深い水底には、その村の暮らしとともに、たくさんの我谷盆が沈んだのでしょう。人の暮らしは生まれて、また消える。この橋を渡っていけば、かつての我谷村に辿り着けるような気がして、僕は雨のなか、赤い吊り橋をいつまでも眺めていました。

ものづくり八軒町

ものを作っている現場は、いつも面白いと思います。カウンターに座って寿司を握る手元を見たり、料理人の包丁さばきを覗き込んだりするのは、いつまでも見飽きることがありません。小学生の頃は、建設中の家を見るのが好きでした。雑草に覆われていた空き地が、ある時整地され、基礎が打たれ、柱が組まれていって、とうとう棟上げされたかと思ったら、あっという間に家のかたちが見えてくる。人の手で少しずつなにかが生まれていく、その瞬間に立ち会うことは、眺めているだけでワクワクするものがあります。今は会社勤めの人が多くなったせいで町で職人が働く様子を見る機会はすっかり少なくなりましたが、昔はあちこちで見ることができました。クリーニング屋はシュウシュウ湯気を立ててアイロン掛けをしていたし、魚屋は大きなまな板を広げて、手際よく鱗を削り、魚をさばいていました。肉屋では大きな肉のかたまりが天井からぶら下がっていて、作業台の上でよく切れる包丁で肉の塊を切り分けていた。思い出すとあの頃の町は、まるで劇場のようだったと思います。歩くごとにいろんな仕事場の風景が眼に入り、今よりもずっと歩くことが楽しい町だったように思います。

僕の生家は八軒町と呼ばれるところにありました。下級武士の屋敷が八軒並んでいたところから生まれた名だというのですが、その八軒町には、ものを作る家がとても多くありました。

ちょっと町の様子を紹介しますと、通りの西側は家に近い方からまず南部金物店があり、その

岩佐の黒板屋

隣が中西の昆布屋さんでした。昆布屋には通りに面した広い板の間があり、そこでおじさんがいつも座って作業しているのが見えました。とろろ昆布を作っていたのだと思います。長い昆布に刃物を当てて、なでるように刮《こそ》げると、薄い鉋屑《かんなくず》のような昆布が出てくるのです。

その隣は竹内菓子店です。チョコレートやキャラメルなど、メーカー菓子も置いてありましたが、本業は大福などの和菓子を自分のところで作ることでした。実は僕の家の隣に祖父母が住んでいて、その祖父母の家の庭が、竹内菓子店の仕事場の窓に隣接していました。家の縁側に座っていると、餅屋のおじさんが作業している姿がそこからでもよく見えるのです。

「あべ川、買うてきね」

祖母に渡されたお金を握りしめ、僕は庭を通って餅屋が仕事をする窓のところまで行きます。窓越しにおじさんにお金を渡すと「ちょっと待ってね」と言って、素早く餅やたれの入った箱を並べ、目の前であべ川餅を作ってくれました。その流れるように手際の良い様子を、じっと見つめた記憶があります。

その隣は藤本さんという二代続く木型屋さんでした。木型とは鋳物を作る時に使う木製の型、今もあればぜひ覗きにいきたいところです。さらに隣が中坊鉄工所で、どちらも工作機械の製造が中心です。その次は病院で、そのまた向こうは中村機料という機織り機械の修理をするお店があります。そのまた隣も田畑機料という機織りの部品を取り扱うところで、伊藤洋服店がその次にあって、また隣が機織り用の杼《ひ》（シャトル）を作る小谷木工でした。その次に八百屋や洗濯屋、ねじなどを扱う野坂金物などが続いているのです。やはり福井は繊維に関する仕事が多かったのですね。機を織るばかりでなく、その周辺の機械や道具もそれぞれ細かく専門に分かれ、糸関係が土地の重要な産業であったことが、今になってわかります。

通りの向かいに行けばまず角に小林酒店がありました。その頃の酒屋は店のなかに小さなカウンターが必ずあって、そこでお酒の立ち飲みができました。酒屋は割安で飲めるから、昼間から酒臭い男たちがいつもいたように思います。その左隣は千秋建築板金。大きなトタンを広げて、トンカチで叩いたりしていました。さらに隣は長谷川家具店。川口精肉店と続いていて、肉屋ではコロッケなんかも揚げて売っていました。そして民家（普通の家がこんなに少ない）と大丸おでんがあり、黒板を専門に作る岩佐の黒板屋があったのでした。

五十年前はこんなにいろいろな職種の仕事場が軒を連ねていた町なのですが、久しぶりに八軒町を歩いてみると、ほかに移転したり、廃業したりで、残念ながら当時から残るお店は岩佐の黒板一軒だけでした。しかたがないのでしょうけれど、ずいぶん寂しい町並みになってしまいました。そのただ一軒残る「岩佐の黒板」とテントに書かれたその店構えがなんだか懐かしくて、戸を開けて訪ねてみました。岩佐さんは僕の兄と年が同じくらいで、一緒に遊んでいるのをよく見ましたから、兄のことはよく覚えていてくれました。

なかに入ると、手前が土間になり、奥の板の間に大きな緑色の黒板が立てかけてありました。岩佐黒板は昭和二十三年、福井地震の後に始まったそうです。市内の学校が壊滅状態だったので、黒板の需要が急に生じ、それに応える開業でした。その頃の黒板は幅の狭い杉板を膠《にかわ》で接着し、板接ぎした部分の段差を消すためにそこに布で帳張りし、上からは漆と砥の粉を混ぜた錆び漆を塗って平滑に研磨し、そのあと漆に松煙《しょうえん》などの黒い顔料を混ぜて塗るのです。これはもう漆職人の技術です。「黒板」という名称はその頃に生まれたもので、当時の黒板は漆塗りだったということを、はじめて知りました。その後十年もすると黒板は緑色になりました。その方が反射も少なく、読みやすいというのが理由でした。緑なのになぜ黒板、とずっと思っていた疑問が、岩佐さんのこのふたつの説明できれいに解消しました。さらに十年すると無垢でなく合板による黒板になってきたそうです。さらにその後、大きな紙を黒板に留めたいから磁石が使えるようにと、黒板の表面に薄い鉄板を張ったものができました。黒板もどんどん進化するのですね。そして今では表面をホーロー引きしたタイプがあって、十年から十五年の黒板の寿命がこれだと二十五年経っても大丈夫なように耐久性が上がったのだそうです。

ずっとこの町に居る岩佐さんに、昔の八軒町の話をいろいろ聞くことができ、改めてものを作る人がとても多い町だったと思いました。そして僕はこの町で、大人たちが働く姿や、ものを作って暮らす風景を当たり前のように眼にしながら育ちました。

お店のなかの、いくつも立てかけられた黒板を見ていると、そんな子供の頃のことを思い出します。そしてここだけ遠い時間が流れているみたいに、とても静かでした。

雨の町

日本海側の地方はとにかく雨が多い。シトシト、シトシト。すべてのものを芯まで濡らすような長雨が、その日も降っていました。

福井は昔から織物の産地として有名ですが、栄えた理由のひとつにこの土地の湿度の高さがありました。つまり空気が湿っているため、機に掛けた細い縦糸が切れにくいという適性があったからです。通った学校でも、クラスに数人は必ず繊維関係の家の子がいて、そこへ遊びに行くと、家の脇にある工場から機織りの機械が動く大きな音が聞こえました。

雨の多い地方は、寒くなると雪に変わります。今でこそ雪の量は少なくなったようですが、僕のいた頃は一晩で五十センチ以上積もる日が何日も続きました。だから一年を通して、グレーの雲がずっと空を覆っていて、晴れの日は少ない。そして一年を通じて湿度が高い、こうしたジメジメした風土に適した職種のもうひとつが、漆塗りなのです。漆は湿度が六〇～八〇パーセントぐらいないと乾かない塗料なのですが（乾くというよりも硬化するのですが）、こうした理由から漆の産地は湿度の多い地方や、そうでなければ川があってそれを囲むように山があるような地形のところに多くあります。輪島、山中など北陸に漆の産地が多いのもそのためで、福井では鯖江市河和田《かわだ》が、越前漆器の産地として知られています。

河和田に行くと、空気中の水の粒子が目に見えるぐらいです。風はしっとりと湿気を含み、松本のような内陸気候の乾いた土地柄から行くと、特にその違いがよくわかります。河和田は古い漆器の産地ですが、それだけではなく戦前までは日本産漆の一大集積地でもありました。ここ（河和田を中心とした今立地区）の漆掻き職人が多数東北などに出かけて行き、集めた漆を福井に持ち帰って精製していたのです。現在の河和田は外食産業向けの食器作りが中心らしく、それらの木地は樹脂製か中国産のものがほとんど。仕上げは漆が少し混ざった塗料をスプレーで吹き付けるというのが全体の九割以上ということですから、果たして今もこれで漆の産地といえるのだろうか、と思ってしまいます。

河和田は他の産地よりも、分業化を徹底しておこなったところだとうかがいました。同じ鯖江の眼鏡が分業化で成功しているから、その影響もあったのでしょうか。主に外食産業や和の飲食店の要望に応えるため、生産のスピードや効率を上げ、コストを下げる必要があったからです。分業の仕方は木地屋、下地屋、研屋、上塗り。またそれぞれが盆や重箱などの「角もの」と、椀などの「丸もの」とに分けられているそうです。仕事の忙しい頃はこの体制はやはり効率がいいので、確かに生産量は上がるし、価格も下げられるから、競争力もあったことでしょう。ところが今のように暮らしが変化し、揃いの漆器を家庭に備えるということもなくなってからは、絶対的な漆器の需要が日本中で減りました。量が減れば、分業で流れる仕事量は次第に枯渇していきますから、職人ひとりひとりが自分たちで工夫して、問屋に頼らないで自分自身で仕事を作り出さなくてはならないようになりました。しかし変化を迫られることになったその時、分業のなかの職人たちは困ってしまったのです。漆器作りの一部の仕事だけ、自分の専門範囲の仕事しかしてこなかったために、漆器製作の一貫した工程を学んでおらず、一人で漆器を完成させる技術を持っていなかったのです。それにひとつの部門を、しかもずっと産地に閉じこもって作っていたから、世の中が求めるものがわかりません。漆器を使う人たちが今なにを欲しているかわからないし、どう作っていいのかもわからない。需要の落ち込みは、そのまま多くの廃業者を生み出し、戦後この地に百数十人いた木地師が、今では現役で数人程度、といったような、そんな劇的な減り方になっていったのでした。せっかく苦労して覚えた技術、磨きあげた技術なのに。

そんな河和田で漆器を作る小橋敬一さんは河和田に生まれ、上塗り職の三代目として十五歳からこの世界に入りました。今は少なくなった本格的修行を積んだ職人で、上塗りの仕事を本業としていますが、木地から一貫した漆器の製作も手がけています。そのような幅の広い漆の仕事から、学び、考えたこと。小橋さんの言葉は、そのまま河和田だけでなく、漆の現状を正確に伝えるものでした。

小橋　ロットというのがだいたいあってね、なにをしても百ぐらい。

三谷　すると百ぐらい入る室《ムロ》（漆を乾燥させる部屋）があるんですね。

小橋　漆は一日では乾きませんから、百入る室が幾つもあるんです。この室やったら明日は次の室、という感じで。河和田の場合は作家みたいに育った人もいないし、親方（問屋）から離れて仕事している人は一人もいないわね。

三谷　木曽の平沢には国道沿いに大きな売店が並んでいますが、河和田には観光的なところはないですね。

小橋　やはり職人の町。それも分業の、本当の職人の町。

三谷　工程全部を知るわけではないとしても、見方を変えればそれぞれの職人さんは自分の分野においては一貫生産する人より高い技術を持っている。

小橋　上塗りはゴミを付けんときれいに塗るだけのことですから。それを習ってきたんやから当たり前の話や。

三谷　塗師屋三代目に当たるそうですが、仕事を始められた頃はひと通り習われたんですか？

小橋　中学終わる頃（昭和三十五年）の河和田は、漆器なんか止めよう、という時期だった。中国との国交がなかったから漆が入ってこない。それでも需要はあるから、ということで代用漆や樹脂の椀などがこの時期に始まった。それでも今の五十歳前後までの職人はちゃんと基礎から習っていないね。

三谷　徒弟制度が壊れて、皆が賃金で働くようになった頃ですね。

小橋　タダ働きというのがないでしょう、少しでも工賃ほしいし。使う方も仕事できんもんに金払えんですから。だから（分業して）ひとつのことだけ早く覚えて、仕事になるようにしてきた。そういう人がほとんどですね。だから今困っている。

産地が代用漆や樹脂の漆（？）に切り替えたことが、かえって漆への印象を悪くし、使う人の漆離れを広げてしまいました。しかし小橋さんの話を聞いていると、そうなった理由というのも確かにあって、当時には当時の事情で頑張った人が大勢いたこともわかってきます。日本が戦災を受けた後の復興期の日本は、住宅の需要が急激に増えました。その時足りない木材を供給するために国は、将来の建築材を確保するため皆伐した後の山に、杉の拡大造林を進めました。ところがその後、安い輸入材が入ってくるようになり国産杉の価格が下がり、とうとう木を切る費用も出ないぐらいになって、次第に山も荒廃していきました。物が不足していた時代に「量」に応えようとして闇雲に立てられた政策は、こうして破綻することになりました。当時、住宅や漆器を必要としている人がいるから、それになんとか応えたい、そういう熱い気持ちで本気で働いた人たちがたくさんいたはずです。でも先のことを読むのは難しい。ものがない時代から、ものが溢れる時代に変わると、結果的には拡大造林が国土の自然を壊し、競争力を上げるための漆器の分業が、新しい時代に対応することを阻む結果になったのです。

三谷　漆器会館に行きますと一辺地つけとか漆器製作の工程が解説されていますが……。
小橋　あれは見本ですから。
三谷　実際にはやられていないのですか？
小橋　している人もいますけど本当に少ない。そんなことしてたら合わないから、中国ものを仕入れるんです。
三谷　木地ですか？
小橋　いやもう仕上がったものを。それをこっちで加工し直すんです。輸入品などに助けられて仕事が成り立っている状態です。
三谷　どこでやられているんですか？
小橋　それはほとんどの業者がやっています。そういうものがあるから仕事が続いているだけで。そういうものがなければ一軒ぐらいの木地屋さんでは間に合いませんから。
三谷　輸入だとあまりかたちのことはいえませんね。
小橋　それがだんだんつき合いができてロット少なくても受けてくれるみたいですね。
三谷　こんなかたちにしてくれ、と要望するわけですか。
小橋　そうです。だいたい東京の問屋さんが中心で動いて、産地を下請けに使っている。それで一番売れ筋のものを見本に持って行って中国で作らせますから、売れ筋のものから（日本では）仕事がなくなるんです。

三谷　悪い方に行きますね。

小橋　いや当然そうなるでしょう。

三谷　安い方に仕事が流れる。結構すごいですね、現状は。

小橋　いや、そうでもないかもしれない。これも安くていいものを作る、ひとつの方法なのかもしれないから。

小橋さんは分業の上塗り職人であると同時に、デザイン、木地から仕上げまで一貫して自分で作る漆芸作品の製作もしています。以前は精緻な伝統工芸の仕事もしましたが、その世界にも少し違和感があり、やはり自分はもう少しおおらかな作品を作りたいと、現在はそこからも離れてしまいました。

小橋　僕も見てますけど、伝統的な漆芸の仕事というのは実に手間ですから。小さいもんをまたおはじきほどの小さな炭で何日も研いでいるんやから。もう考えられんようなことをしているからね。ウチらの性には合わないというか。やきものみたいにぐっと轆轤《ろくろ》回して、焼いてというのと漆の場合は違いますからね。

三谷　確かに違うように思います。

小橋　仕事が実に地味ですよ。小さいとこにいてね、いつまでも動かんとそのまま。そういうタイプでないととても漆の仕事はできません。それは、実に立派なものになりますけれど。

三谷　そのあたりで自分とは違うと思われたのですね。

小橋　追求するやり方みたいなものがなんとなくこんなものとわかると、それで自分としては、となって。

この人の世の中に対する身の処し方が面白いと思いました。正面からがっちり向き合うというより、ちょっとからだを斜にして前から来た力をかわす。柔をよく剛を制すという風で、前からの力に対して体をかわして、力を後ろへと流すのです。時代劇なら無益な争いを避けるために臆病者を装った主人公が「何をするのですか」と言いながら巧みに相手の剣をかわして、そのうち相手の懐にこともなげに入って、打ち身で相手を倒す剣の達人といったところでしょうか。小橋さんは一方で、問屋が中国で作らせた漆器に一刷毛加えるために請け負う工賃仕事もしながら、また一方では伝統を生かした漆作品を作っています。小橋さんの愛嬌のある表情と、でも時々見せる強い眼光。それはこの人の仕事そのものでした。

眼鏡

眼鏡好き、というのは世の中に多いのでしょうか。あの顔につけるレンズ付きの小物。かくいう僕も、どうもその眼鏡好きのなかに入るようですが……。

眼鏡好き。俳優ではウディ・アレンの眼鏡がまず思い浮かびます。太い黒ぶちのボストン・スタイルというのでしょうか、上が角張って下が丸く垂れ下がったかたちの眼鏡です。チャップリンの靴が普通以上に大きいように、アレンの眼鏡も顔からはみ出すほど大きい。アレンのずり落ちそうな鼻眼鏡から、彼がひ弱なダメ男で、ニューヨークに住む知的な都会人で、趣味の良い暮らしをしていて、皮肉屋で、神経症病みであることを、僕たちはすぐに理解することができるのです。眼鏡はウディ・アレンのトレードマーク。喜劇役者としての見事な小道具になっています。『ラジオ・デイズ』という自伝的映画では彼の子供時代を描くシーンがあり、それでも眼鏡は効果的に使われていました。僕たちは眼鏡を見るだけで、どれが子供時代のアレンなのかをすぐに見つけることができるからです。あのずり落ちそうな大振りの眼鏡をかけた神経質そうな子供が出てくると、それだけで可笑しくなります。

昔のテレビ映画、『スーパーマン』の眼鏡も好きでした。こちらは長方形の四角い黒縁で、デイリー・プラネット社の新聞記者クラーク・ケントとして働いている時にこの眼鏡をかけています。そのクラーク・ケントが眼鏡をはずす時、それがスーパーマンに変身する合図なのです。悪党に襲われ、絶体絶命の人たちを助けに行くスーパーマンを早く見たいと、僕たちはクラーク・ケントが眼鏡を外すその瞬間を、今か今かと待っていたのです。

『ベニスに死す』のダーク・ボガードもよかったですね。避暑地で一人の美しい少年に出会い、その美の虜になってしまい、少しずつ破滅していく音楽家の物語ですが、各場面でダーク・ボガードの着ている服がまた素敵でした。おしゃれな男は、避暑地ではああした装いをするものなのだ、とうっとりして見ていましたが、でもなかなかああはいきそうにありません。でも映画の楽しみは物語以外の、そうしたところにもあるものですね。

眼鏡の似合う人たちは、映画の世界ばかりではありません。学校の音楽室にかけられていたシューベルトの肖像を思い出して下さい。あれが二百年も前の人とはどうしても思えない。今もヨーロッパの学校に行けば、必ずいそうな雰囲気の男子ですよね。縮れた髪で小さな枠の眼鏡をかけた、「シューベルト」と呼ばれた友人、学校のあなたの周りにいませんでしたか?

画家アンリ・マティスの丸眼鏡もいいですね。スチールの鼻眼鏡。マティスは若い時も年をとってからも、痩せていても、でっぷり太ってからも、眼鏡のよく似合う人でした。自由人と努力家のふたつを兼ね備えたアーティストでしたね。もちろん忘れられないのは建築家ル・コルビュジエの黒縁眼鏡です。恐らく特注で作らせたのでしょう、テンプルの太さが耳に近くなるほど太くなる、独特のデザインの眼鏡でした。眼鏡のフロントとテンプルを連結している「智《ち》」と呼ばれるあたりに手を添えた写真など、好きですね。もちろん映画監督ジャン＝リュック・ゴダールも加えなくてはなりません。彼がくわえ煙草でフィルムを見ている写真は、いつ見てもとても印象的。くわえ煙草が一番似合う俳優としてジャン＝ポール・ベルモンドをあげる人は多いと思うのですが、ゴダールもかなりいい感じだと思います。

ところで、僕が眼鏡を掛けはじめたのは三十代中頃でした。今のように老眼が進んできて、眼鏡がなくては暮らせない、という状態ではまだなかったのですが、眼が充血するので眼科に行ったら、左右の視力に差があるから、片方の目ばかり使って眼が疲れやすくなるからだ、と言われたからです。それから眼鏡の世話になることになったのですが、実はそう言われて内心うれしくもあったのです。というのは、これで晴れて前から好きだった眼鏡を作ることができるからでした。はじめはメタルフレームで作ったのですが、それはあまり好きになれず、それからいくつか作りかえてきました。

僕が今使っている眼鏡は、東京青山にある福井県のアンテナショップ「ふくい南青山２９１」で求めたものです。眼鏡はなかなか自分に合ったものが見つからないので、日頃から気にかけていますし、面白い眼鏡屋があると聞けば、都合をつけて出かけて行くようにしていました。それというのも眼鏡のデザインは流行にずいぶん左右されて変わります。しばらく行かないとお店はあっという間に流行のかたちばかりに覆い尽くされ、古いかたちの眼鏡はすっかり店頭から姿を消したりすることがよく起こるのです。僕の好みのちょっと楕円に潰した丸眼鏡タイプは、消え行く眼鏡の最右翼で、まして鼻梁の当たる部分がひと山という昔風ブリッジで、リムの直径はかなり小さいとなると、もう絶滅種に属するほどなのです。

そんな希少な（価値はないが）眼鏡だから、もしこれが壊れたらどうしよう、と使っていて、だんだん不安になってきたのです。ある日、替えの眼鏡をなんとか確保しておきたいと思って、松本の馴染みの眼鏡屋に相談して、同じフレームを捜せないかと頼んでみました。「やってみます」とお店の方は快く言ってくれましたが、世の中に五万とあるフレームの、しかも極少数派のものだから、きっと見つからないだろうと、実は結果はあまり期待していませんでした。ところが「見つかりました」とそれほど経たずに連絡がきたのには驚きました。勇んで店に行きその眼鏡を見ると、フレームの色こそ違いましたが、確かに同じかたちの眼鏡だったのです。これでひと安心、スペア眼鏡、ひとつ確保です。

眼鏡屋へはフレームの歪みの修正やレンズ洗いなどで時々顔をだします。ある時「今度福井に行くのだけれど、この眼鏡を作っている仕事場を、見ることができないだろうか」とお願いしてみました（お願いの多い客ですね）。眼鏡がどんな風に作られているのか、興味があったからです。またしばらくして「判りました」と連絡があり、愛用眼鏡の発売元、今回おうかがいした「山元眼鏡商会」を紹介してくれたのでした。

福井に着き、「山元眼鏡商会」へ向かいました。駅裏のビルの二階、狭い事務所で、隅に眼鏡加工の機械が置いてありました。でもちょっと期待はずれ。僕は眼鏡を作る工房のようなところを想像していたのですが、どうもそれとは違って、ほぼ問屋さんの雰囲気なのでした。でも山元さんの話を聞くうち、だんだんわかってきました。眼鏡作りは異素材の組み合わせですから、鯖江の場合は分業が基本です。眼鏡はオーダーでひとつからでも作ることができるのですが、実際の製作は細かく部品ごとに分かれているため、まずそれをまとめる山元さんのような問屋さんや小売店がデザインの図面をおこし、それぞれの職人や工場に発注し、でき上がったものを組み立てて製品にする、という仕組みになっているようでした。広く知られていることですが、日本の眼鏡枠の九六パーセントは福井県鯖江市で作られているのです。

なんでも百年ほど前、増永五左衛門という人が大阪から職人を呼び寄せ、眼鏡を作ったのが始まりだそうです。眼鏡はセル、金属、鑞付けなど異なる素材と異なる技術が組み合わさってできていますから、ひとつ所の技術では無理なのでした。それをクリアするため増永は、帳場制という技術者集団のような体制を作ったそうです。帳場制は違った職能の人たちがそれぞれ独立した立場で仕事場を受け持ち、各々が専門の技術を高めることができる環境を作り、それを結集して全体でいい製品を作ろうとしたものです。結果的にこの帳場制が、鯖江を質の高い産地に育てることに貢献したのだそうです。

工房は見られないけれど、希望のかたちを描いて、ひとつからオーダーすることはできるということで、僕は鞄から持参した古い眼鏡のサンプルを取り出しました。基本形は愛用眼鏡のかたちを使い、現在メタルを使っているリムをアセテート仕上げにして、テンプルのかたちも図面を起こして、こんな風にしたいと、と作りたいかたちを伝えました。板のサンプルから希望の色合いを選び、その後は山元さんが図面に起こしてくれるとのことでした。思いがけず、アセテート枠のオリジナル眼鏡の発注をすることができたのです。パチパチパチ。

ひと月ほどして図面が送られてきましたが、パソコンで描かれた図面は無表情で、どうもこの手の図面が苦手な僕は、どんな感じになるのかぜんぜん掴めませんでした。それでも仕方がない、「図面通りで」とOKを出したのですが、上がってきたものは案の定不満なもので、掛けた感じもよくありませんでした。まずリムの枠が太かった。見ると昔のものはもっと華奢です。もう少し枠を細く仕上げることはできないだろうか、と電話で伝えましたが、話の途中から、電話では埒があかないと、もう一度、試作品を持って福井に行くことにしたのでした。

福井で、山元さんの眼の前で実際それを掛けながら、「このあたりが変なのだけど」と詳しく希望を伝えました。太さは強度の上ではかなりギリギリだけれど、面を取ったり、厚みを少し薄くしたりして、それで恐らくずいぶん違う印象の眼鏡になるだろうと、山元さんがもう一度預かって、手直ししてくれることになりました。

そしてようやくでき上がった眼鏡。今度は希望通りの仕上がりで僕は大満足、早速愛用の眼鏡になりました。

見る力、作る力

横田利宏さんは、本業の建具だけではなく、幅の広い木の仕事を手がける人です。仕事場を見るとかなり大きく、三人ばかり人を使っていた頃は、建具屋として活発に活動していたのだろうと思います。だろう、と書いたのは、実は横田さんは数年前、働いていた職人全員に暇を出し、建具屋を廃業してしまったからです。それは横田さんが六十二歳の秋、突然「止めよう」と、決心ができたのだというのです。まだまだからだは健康だったけれど、すぐに職人を集めて話をして、それから一年余りで、予定通り廃業したのです。

横田さんはその理由をあまり詳しくは語りません。「もともと木工が好きで始めたというより、家業だからと継いだのだから、それであっさり止めることもできたのかもしれない」。今もどうしても断れない注文だけは受けていて、それ以外の時間は家の手入れなどで、日々を過ごしているそうです。

横田さんは若い頃、家業の木工を継ぐのなら、折角だから木工について優れた仕事をしている人に会いにいきたい、と思い立ったそうです。それで当時の雑誌「室内」に紹介されていた人物に次々連絡を取って、リュックを背負って何ヵ月か、その一人一人に会いに行く旅に出ました。その時からの縁で、その後もいろいろ仕事のことを教えてくれる先輩を、たくさん持つことができました。仕事場が福井を出ることは一度もなかったけれど、地方に閉じこもることはなく、その交流から多くのことを学ぶことができたそうです。

横田さんは勉強熱心で、作ることへの努力も人一倍なのですが、それにも増して、見ること、眼を鍛えることを大切にしている人だと思いました。お宅にうかがい、箪笥や匙のコレクション、愛用の眼鏡のコレクションなどを見せてもらいながら、古いものをよく見て歩いていて、古いものからよく学ばれている、と感心しました。

杉で作られた薄造りのトレイ。このトレイは涼しげな夏の折敷《おしき》が欲しいとの依頼から作ったのだというのですが、杉板の扱い方、縁に巻かれた錫のあしらい、重ねた時にかさばらないことへの配慮など、隅ずみまで洗練された美しさをそなえたトレイです。今、全国ほとんどの自治体が杉の使い道に困って、新しい用途を考えるためのプロジェクトをしていますが、実際にはなかなかいい結果を得られないようです。理由のひとつは役所やメーカー側の都合ばかりで、使う側に立って考えていないから。その意味で、この横田さんのトレイは、杉の木を使った、優れた例になっていると思います。

「縁に錫を巻くのは補強と装飾のため、でも全部巻いてしまうと野暮ったくなるんですよ」

横田さんの眼は隅々まで的確に判断しています。仕上げは秋岡芳夫が広めた「木固め」という塗料を塗り、それをいったん落としてから蜜蠟などで仕上げています。

横田さんの作るものを見ていると、作ることと見ることとは、車の両輪のような役割を果たしているなと思います。そのバランスが大切で、眼が見えている以上のものは、技術があってもかたちにはできない。ものを作る技術があったとしても、何を、どう作っていいかが、わからないからです。芝居の世界で「役者馬鹿」という言い方がありますが、その意味は肉体を使う役者は、からだを使って動くこと自体が楽しいから、放っておくと抑制が利かず、演劇や人間のことを理解することなく、ただ動く快楽に溺れてしまう、というものです。そのことを馬鹿といっているのですが、職人の手もまた同じように技術的に難しいところ、希少な銘木を扱う世界に入っていって、そちらが楽しくなって、暮らしのことや使う人のことがいつの間にかおざなりにされてしまうことがよくあります。そうした手の暴走、贅の誘惑にブレーキをかけるのが、眼の力なのだと思うのです。

横田さんは山を背負う広い土地に民家を移築し、そこを「遊び場」として、現在は友人たちと過ごす時間を大切にしています。そこは横田さんの木工の技術と工夫にあふれた空間ですが、たとえば部屋の中心にある掘りごたつのようなテーブルは、天板が桐でできています。傷のつきやすいテーブルの天板に柔らかな材料である桐を使うのは、これまであまり見ませんでしたが、実際使っているところを見ると強度も十分なようで、それに桐は火に強い木だから、炉のまわりに使う材としても適しています。僕はその木の用い方に感心しました。

「日本の木としては、栗、松、桐などが好きです。桐はほとんど箪笥に使われてきましたが、

57
福井

桐でベッドを作ってみたり、椅子を作ってみたりしました。体重や力のかかるところは堅いメープルにして、からだが直接触れ合うところは桐にすると温かいし、肌触りもやさしい」

脇には桐で作られたお盆もありましたが、それもきれいでした。

「少し材料が余るでしょう、テーブルなんか作って。もったいないと思い、器にするのです」

昔の福井あたりの指物屋は木で作れるものだったらなんでもしたのだけれど、木工は仕事が違うとそれに使う道具、刃物も違ってくるでしょう。それでやりきれないからと、建具、家具、挽き物、刳物《くりもの》など、細かく仕事が分かれていった。でも横田さんは、見るとそれを自分でも作りたくなってしまうのだろう。建具店と看板を上げていたが、逆に作る範囲は家具から小物まで、仕事の幅はかなり広かった。

「丸太を買って自分で製材しているんですが、そうすると一番いいところは建具材にして、それ以外のところを家具や床材に回すということができるのです。そうすればたとえ高価な木材であっても、なんとか使うことができるのです」

家に帰ってから、なんでもないガラスのコップを見ながら、作ることと見ることを考えた。もし僕がコップを作るのだったら、と。

なんでもないガラスのコップ。そのかたちは少し昔によく作られたかたちだが、薄くすっきりして、きれいなかたちのものです。ものを作る人もまた自分でものを使う人でもあるわけだ

福井

けれど、そのなんでもないコップが、僕はいろいろ技巧を凝らしたコップよりずっときれいで、一番使いたいコップのかたちだと思うのです。でも、何の変哲もないそんなかたちだと、誰も僕が作ったと思わないだろうし、誰が作っても変わらないものだろう。昔の職人と同じことをしているだけだから、自分でなくてもできるものかもしれません。でも、使うならなんのけれん味もないこのようなコップが一番好きだし、きれいだと思う。ものを作るというのは、なにか自分らしさを加えることだと思ってきたし、その誘惑にも動かされるけれど、でもほんとに自分が使いたいものを作ることが、ものを作ることの誠実だとも思う。だから踏ん張って普通のコップを作ること。そう決断する眼は、ものを作る上で大切だと思います。なんでもないものをいいという勇気は、自分の眼を信じるところからしか生まれないのでしょう。

そういえば横田さんが仕事に区切りをつけた理由を、一人つぶやくように言っていました。

「ものが溢れているから、もうものは作らない」

新しい差異を生み出してものを売る。そうして本当に必要かどうかわからないもので溢れる時代のなかで、横田さんは静かに道具を片付け、店を畳んだのでしょうか。

京都

黒田辰秋の仕事場

我谷盆のことを訪ねて山中や金沢に行っている時、偶然林龍代さんのご子息にめぐり会ったいきさつは先に書きました。その間を取り持ってくれた建築家のOさんと話をしている時、「丈二さん（黒田辰秋氏のご子息）にもお会いになったら」と勧めていただいたのです。聞けば黒田丈二さんのお嬢さんが染織家で、金沢での個展の時はOさんが会場構成の手伝いをしたりする親しい間柄だということでした。我谷盆を機縁に林さん、我谷村の人たち、我谷盆の研究者や古道具商の「古楽屋」さんなど、どんどんつながりが広がったのですが、それが今度は京都の黒田さんです。「今度京都へ行く機会のある時に、是非」と答えてお別れしたのですが、ちょうど一年後にその日が訪れたのでした。

山科の奥の里山、古い町並みをちょっと登ったところに、黒田さんの家はありました。大きな古民家で、玄関に出迎えてくださったのは丈二さんとお嬢さん。部屋に案内されたその時、右脇に十六畳ほどの板敷きの部屋が見えました。それが黒田辰秋氏の木工の仕事場です。今はそこを丈二さんが使っているのですが、ほとんど黒田辰秋が使っていた当時のまま、残されてい

黒田丈二さん

るようでした。部屋は八畳間をふたつ縦に並べたようなかたちで、その長手の側は、庭に面した連続する窓になっていました。研ぎ場、作業台など、その庭に向かって並んで配置され、細かな作業をするのに必要な光と、気持ちよく仕事をするための環境が工夫されていました。

木工の仕事場とは別に、漆の仕事場は二階に作られています。漆部屋は大広間といえるような作業空間と、大物を手がけた黒田らしく、部屋のように広い乾燥用の室《ムロ》が左右ふたつ並んで用意されていました。そのひとつの室には、今丈二さんの作られている棚が拭き漆で仕上げて置かれていて、乾く時間を待っていました。

僕が京都にいた頃は、よく「進々堂」に通いました。まだ黒田辰秋の名前も知らなかった頃ですが、でも天井の高いたっぷりしたその大きな空間と、そこに置かれた重厚な大テーブルとベンチが好きで、当時からお気に入りの店でした。ちなみにその頃の僕の好きなカフェベスト3は、三条堺町の「イノダコーヒー」と蹴上にあった「カルコ20」、そして百万遍の「進々堂」でした。

黒田辰秋が「進々堂」のテーブルを作ったのは昭和五年です。黒田が二十六歳とまだ若い頃の仕事で、お父さんのところにいた木工職人と一緒に作ったのだそうです。

「京大の学生たちのお腹がふくれるようにパンを焼いて、飲み物は番茶をやかんに入れて飲み放題にして、そんなパンホールを造ろうと思っているので、そこのテーブルや椅子を作ってくれ」
「進々堂」の創業者、続木斉《つづきひとし》からそんな内容の依頼を受けました。実はこのテーブルは作られた当初、拭き漆で仕上げられていました。それが長い時間を経て、多くの人の手によって擦れて、今ではすっかりはじめから木地仕上げだったように見えるのです。でも素地仕上げの質感が、このテーブルにはよく合っている。恐らく黒田もそう思っていて、あえて塗り直すことをしなかったのでしょう。それから後、この「進々堂」のテーブルは多くの木工家に影響を与えました。何があってもびくともしないような幅広の厚い楢の天板や、太い木の幹のような二枚の厚板の脚は、天井の高い店内の雰囲気とよく合っていて、大らかに包み込むような安心感と図書室のような落ち着いた空間を作り出しています。八十年近い時間を経て、ますます美しさを深めるこのテーブルは、多くの家具作家の「手本」であり、多くの人に、とっておきの居場所を今も与え続けているのです。

この頃の黒田の作品には、旺盛な勉強欲と、吸収したものを真直ぐな気持ちでかたちに表す純粋さがあり、それが美しさとして作品に表れているように思います。それは後に映画監督・黒澤明の依頼に応えた大振りな拭き漆の家具と比較すると、明らかに違っています。

大正十三年、二十歳の時、黒田は河井寛次郎の講演に感銘し民芸の人たちと関わるようになります。二十三歳の時には柳宗悦の所蔵していた李朝棚の写し「拭漆欅真鍮金具三段棚」を作り、昭和六年には「鍵善良房」の店内装飾にかかります。昭和十年には志賀直哉の遺品である

木工の仕事場

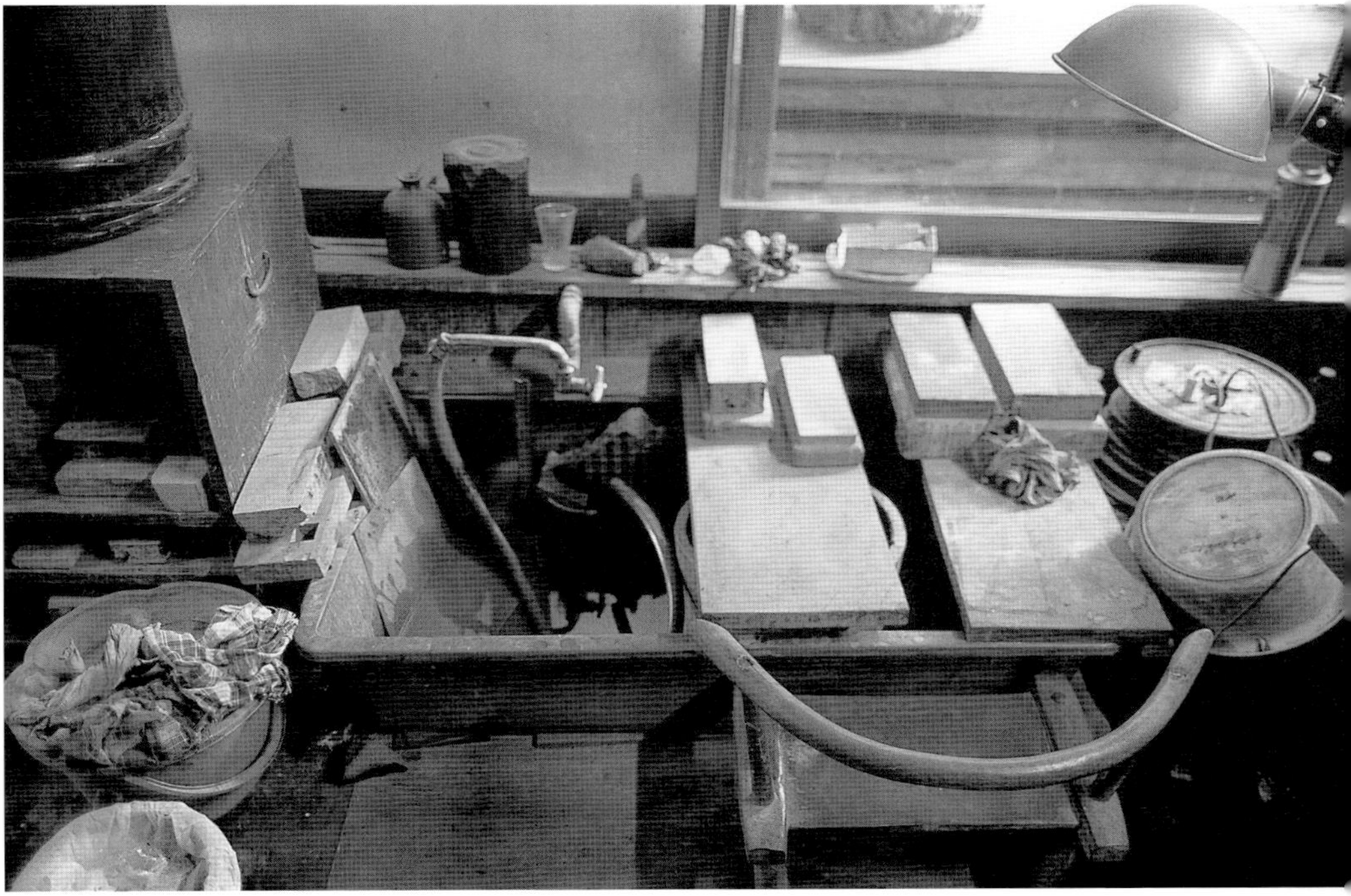

研ぎ場

「白たも葡萄杢インク壺」。この約十年は、優れた周りの人たちの期待を受け、おおいに刺激を受けながら、若い力を全開にして仕事をしたことが想像できます。

僕はこの機会に黒田の初期の仕事を見たいと思っていましたので、丈二さんに「辰秋さんの初期の作品をお持ちでしたら見せていただけますか」と、お願いしてみました。「はい」と言って立ち上がった丈二さんは、意外にも仕事場の棚の上に雑然と置かれたもののなかから、ちょっと埃を払うようにして選んで、いくつかを僕に手渡してくれました。球体の傘の取手、蔦でできた金輪寺棗《なつめ》、そして木のボタン。傘の持ち手には黒田がこれから彫刻をほどこすつもりだったと見えて、黒田の好きだった、ひねったかたちの鎬《しのぎ》の下描きが、丁寧に鉛筆で引かれていました。依頼主は今でもある京都の傘屋さんで、そこに見せるためのサンプルとして拵《こしら》えたものらしいのですが、鉛筆の線がまだ生き生きしていて、ふいに時間が逆回りして「父は今日、ちょっと出かけていて」と丈二さんに言われてもおかしくないほどでした。

「父は木でできるものならなんでも作りました」と丈二さんが言うように、黒田は木でできる生活品にいろいろ興味をもち、手がけていたようでした。ベルトのバックルや、しまいには木の蝶番《ちょうつがい》まで作ろうとして、さすがにこれは失敗したということ。木という素材の持つ可能性をどれくらい広げることができるだろうか、きっとそんなことを考えながら、試作を重ねていたのだと思います。

黒田家はもともと木工ではなく、塗師屋の家でした。肉親からは漆の下職職人の苦しさや不満を聞いていたから、下職の立場をなんとか向上させたい、と思っていたようです。ちょうど黒田が育った時代は大正デモクラシーのさなかで、普通選挙や男女平等、美術団体の文部省支配からの独立など、人間の権利や自由な精神が花開き、日本にインテリ層が生まれた時期と重なっていました。もちろん黒田もこれまでの封建的な漆の業態を壊し、そこから抜け出そうと考えたはずです。漆製作の一工程を引き受ける漆の下地職から脱し、木地から仕上げまで一貫生産する、つまり木漆芸の作家となることを高らかに唱い上げた黒田の作家宣言は、親たちの不満を、職人の置かれた立場を代弁する行動でもあったのです。陶芸の世界ではすでに富本憲吉が近代的作家の先駆けとして登場していました。富本の場合は、西欧で見聞してきた経験を生かし、それまでの伝統にのっとった職人芸的陶芸家ではなく、「模様から模様を作らない」で、自分の目で見たものだけを基礎に、自分の価値観でものを作る、という「作家精神」がもとにあったようです。富本に続いたのが河井寛次郎ら民芸運動の人たち。個人の表現としてものを作る近代的工芸作家への道は、恐らくこの時代、大きく高まって誰も疑いようのないものだったのでしょう。

しかしちょっと不思議、と思うことがあります。というのは、日本にはじめて誕生したこれら近代的作家たちが中心になって、無名の、沈黙した工人の作るものの美を見いだし、その価値をひろめる民芸運動を起こしたということです。まさに意気揚々と古い因習から羽ばたこう

黒田辰秋スケッチ帳

とする「自力」の作家たちによって、無名の工人が作る「他力」の美が語られたのですから。

昭和十一年に書かれた「河井に送る」(『蝶が飛ぶ 葉っぱが飛ぶ』所収)という文のなかで、柳宗悦はこんなふうに書いています。

「作家の立場は難行の道だ。意識に基づくからとかく病が多い。自力の道は並大抵ではない。個人陶で古来秀でたものが少ないのはそれを語っていよう。君もよく知りぬいているように、真に美しい作物のほとんどすべては作者が知れない」

ものを作る者にとっては、とても厳しい言葉だと思います。「真に美しい作物のほとんどすべては作者が知れない」と言われたら、作家はどんな風にものを作っていいのかわからなくなってしまいます。

民芸のことは、僕は自分の仕事と重なるところでしか知らないから、研究者のように正しい解釈にはならないと思いますが、それでも柳の視点が、美しいものと暮らしの両方につねに注がれ、それを結びつけようとしたところや、作る側の我を退け、素材そのものの美しさを大切にするこころに僕は深く共感しています。また柳はものの美しさが見えていたのだと思いますが、でも、ただ自分一人の眼が開かれるだけでは意味がない、とも思っていたのだと思います。美と人々の暮らしを結びつけるのが生活工芸の仕事であり、美しいものが日々使われ、人々の暮らしに根を下ろしてはじめて意味があると考えていました。「悟りの作物が得られたとて、結局個人の仕事に止まりはしないか。僧侶なら平信徒達と結ばれねばならぬ」(「河井に送る」)と。ひょっとすると作家台頭の時代に柳は危うさを感じていたのかもしれません。「歴史はかつて他力から自力へと転じたが、今度は自力他力を結ぶ道へと再転すべきではないのか」（同）。柳は自己表現の作家が生まれた世の中に、「他力」の美を訴えました。だから「作家の道は難行の道だ」と。

黒田は「個人の仕事」と「作者の知れない作物の美」を、どのように考えていたのでしょうか。「私は美術家だ、造形美術家であると思っている、だから今に何をやりだすかわからない。木匠と決められると窮屈だ」と、いわば美術家宣言のようなことも言って、自分のうちにある旺盛な表現への欲求を隠しません。個の表現の自由が輝いていた時代でもありましたから、「他力の美」を理解しながら、やはり自ら表現することへの欲求も抑えることはなかったろうと思います。

しかし黒田は一方で「美術家」になることを目指しますが、また一方で「非個人的なものの善さ深さに敬意を持つ」（柳宗悦「民芸陶器」）態度を、いつまでも持ち続けました。作家活動と並行して、黒田は広く木工全体のことに関心を寄せ、木の仕事の復興に力を注ぎました。そしてはじめに触れました「我谷盆」も、黒田が取り上げたことではじめて世に知られるようになったものひとつでした。大聖寺は黒田の父の故郷で、昭和八年黒田が法事で戻った折り、偶然に出会ったものでした。黒田が企画に参加した「日本木器展によせて」のなかにその我谷盆を出品し、「私は何時の頃からとなく日本美術史の裡に相当重要な地位に在る可き筈の木工史が、非常

作業中の辰秋

に曖昧で一貫した記録すら見いだせないことを不可解に思っていた一人である」と書いています。また「金輪寺棗」も、黒田の木工史研究が見いだしたものでした。金輪寺に伝わる小さな蓋のついた薬入れが、蔦という素材でできていることを知った黒田は、蔦という素材に関心を持ちました。でも蔦は木工材料として使う人はなく、京都の材木屋に聞いても皆「知らんな」と首を振るばかりだったそうです。ある時大聖寺の木工家、林龍代氏を訪ねた折り、この蔦の話をしたところ、奥様が華道家であり「花の世界では時々蔦を使うことがある」ということから、蔦の在処《ありか》を知ることができ、念願の材料を手に入れることができたといいます。

お話のなかで、丈二さんは「木工は兵隊が少なすぎる」と言っていました。絵描き、陶芸家などに比べ、木工の人は少なすぎる。携わる人が少ないと、それだけ一般の人からの関心も減り、新しく学ぼうとする人も少なくなる。そう考えると黒田が民芸という枠を離れたことは、木工の仕事を高め、その価値を社会に認知してもらうために、と考えたからとも思えてきます。

民芸の人たちが抱えた「自力と他力を結ぶ道」「美と生活をつなげる道」は、後の柳宗理さんの工業デザインの仕事にもつながっているでしょうし、今の僕たちの時代の仕事にも、変わらないテーマであり続けているように思います。そして意外だったのは、柳宗悦や河井寛次郎には、機械による工業製品を排除する考え方はなかったということでした。民芸の将来を聞かれた河井は、「民芸の将来というものは、機械を使った仕事、これが民芸の本当の息子になるのではないか、今までの民芸というものは、本当のあとつぎはできない、本当の民芸のあとつぎは機械工業品になる」とまで言っています。僕たちが生活品を選ぶ時、作家と工業品の価値の区別はすでにありませんが、工業製品だけで生きられるかというと、そうでもありません。手仕事の魅力は今も健在で、僕たちは手のわずかなニュアンスでも敏感に感じ取り、どこかツルンとした工業品よりもそちらを選択することも多いと思います。またすでに繰り返す個性の乱立に飽きてしまった僕たちは、「表現」に対しても覚めた気持ちで接することができるようになりました。考えてみると暮らしの道具には作家の精神性がむしろ邪魔なことも多く、それよりむしろ作家性を抑え素材を吟味し、丁寧に仕事をした生活工芸品の方が使いやすいと思っています。ようやく「自力と他力の結ぶ道」を、少し冷静に考えることができる時代になったのかもしれません。

僕は長い時間お話をうかがった丈二さんにお礼をのべ、帰りがけ、ずっと木とつき合い、生きた人が過ごした黒田さんの仕事場を、もう一度ゆっくりと見せていただきました。

円柱形の茶筒

積み木遊びは、子供の眼に見える世の中があまりに複雑だから、丸、三角、四角という基本のかたちで遊ぶことによって、子供たちは自然に「森羅万象の中に隠された必然性の法則」（戸田盛和『おもちゃの科学1』）があることを理解し、その複雑な世界に関わる手がかりを学ぶのだといいます。僕は「開化堂」の茶筒を見ていると、積み木と同じようにその単純な円柱形のかたちが、多様で「複雑な」日々のなかにも、もっと単純な「隠された必然性の法則」が隠されているのだよ、と言ってくれているような気がしてきます。毎日喫茶の時間を持ち、普段使いの日用品として使っているうちに、もっと簡素な、生活の原型のようなものを、なんとなく理解することができる、そんな「ものの力」を感じるのです。普遍的なかたちだから毎日見ていても飽きることがないし、そうして支持されて、百三十年間も変わることなく作り続けられたのだと思います。

「必然性の法則」は茶筒を構成する部品を見ても、また部品を作り出す工程を見ても確かめることができます。材料は捨てるところがなく無駄なく使われて、作業工程も合理的に考えられています。強度、密閉度、使用感など、実際に使った場合も、どの角度から見ても高い完成度をもって作られていて、もの作りはこのように総合的に高レベルで仕上がっていることが大切なのだということを、この茶筒は教えてくれているように思います。

「開化堂」の茶筒はサイズも数種類に限定して、それを守っています。この絞り込みができるのも、お茶が日本の生活伝統に深く根ざした実用品だからで、使い方がだいたい限定されているから、少ないアイテムに絞っても、需要が長続きするのでしょう。暮らしのなかで同じように変わらない道具といえば、漆器の汁椀などが似ているかもしれません。明治のはじめから日本人の暮らしは、家も服装もずいぶん変わりましたが、それでも喫茶の習慣や、朝みそ汁をいただくという暮らしは、少なくなってきているとはいえ変わらず今も続いています。そうした暮らしの基本形に用いられる道具は、息長く作り続けることができるのだと思います。翻って僕たちのように生活道具を作る立場のものにとっては、この「暮らしの基本形に用いられる道具」を作ることが、作品が普遍的なものになるための、重要な要素であると思うのです。

だから「開化堂」の茶筒は、そのかたちが普遍的であるばかりでなく、日本人の暮らしのなかでも普遍的な生活道具であることが、ロングセラーであり続ける理由なのだと思います。いいものは作る側だけではなく、暮らしが支えてはじめて残っていく、という好例なのです。

それにしても暮らしに支持された道具、というのは素敵ですね。僕だったらバターケースとか、作ったものが何かひとつでもそうなったらいいなと夢見ますが、これぱかりは作る側で決められることでもありません。それにしても生活道具はものだけで自立しているのではなく、このように作る人と使う人の両方の支えによって成立しているということを、僕たちはいつも考えていかなくてはならないと思いました。

「開化堂」は創業が明治八年、英国からブリキを輸入したことから作られるようになったそうです。五代目にあたる八木聖二さんにうかがった面白い話では、日本で作られた餃子の皮は、はじめ「開化堂」の茶筒の蓋を使って型抜きしたそうです。以来その大きさが日本の餃子の大きさの基準になって、それが現在まで続いているというのです。

百三十年の歴史を持つ「開化堂」でも、その間何度も浮き沈みがあったそうです。そのうちでももっとも大きかったのは、ブリキの缶を量産するところが現れた時でした。ブリキ缶は安物、というイメージが今でもあるくらい、量産のブリキ缶は安かった。今でこそ少々高くても質の高いものを、という消費者が増えているからいいですが、大手のお茶園の缶入りは今も量産品を使っているのを見ても、出はじめの頃の安物缶の脅威は、想像することができます。

「開化堂」はお茶屋さんが店で量り売りするための缶や保管用の缶など、一般家庭用ではないもっと大きな缶をプロ用として作っていたので、量産品ショックの頃も安定して仕事を続けることができました。これはプロの道具を作る刃物屋などとも似ています。「開化堂」が量産とは違う高い品質のブリキ缶であるのは、プロ仕様の基準で鍛えられ、お茶の香りを保存するという基本性能を高いレベルで実現しているからなのです。

仕事場では、十人ほどの人が忙しく働いていました。そこで銅板を丸く巻いて、両端をハン

銅板を蓋と胴に切断。
間違えないように
それぞれに
同じ番号を付ける。

蓋と底もハンダ付けして
ブリキの中缶も
ハンダで固定する。
モーターで缶を回転させ、
砥の粉と菜種油で磨く。

三本ロールという機械に
何度も銅板を通して、
次第に円柱形にしていく。
ハッソというオリジナルの
鉄製クリップで固定して、
ハンダ付けをする。

ダ付けする作業を見せていただきました。下から銅板を炙り、温度が上がったところで一息にハンダをつなぎ目に置く。従来から使っていたハンダには鉛が含まれているので、現在はそれを無鉛のものに変えたそうです。おおもとはずっと変わりませんが、今も細かな改良は続いているのです。

ところでこの八木さんのところも、次に紹介する寺地さんのところも、跡継ぎの息子さんが一緒に働いていました。手仕事の現状から見ると、それだけでも京都は違うな、と思いました。「親戚のおばちゃんとか、仲間の人たちが遊びにきて、大きゅうなったら跡継ぐんやろな、と当たり前のように言うし、誰もが皆がそう思っているから、自然に継ぐのが当たり前のようにすり込まれるんかな」

京都には後継者が生まれる環境がまだあるのです。手仕事の伝承は、徒弟制度がなくなり、個人の自由や核家族の流れのなかで壊れてしまいましたが、京都にはまだその基盤が暮らしのなかに残っているのです。衣食住に関わるさまざまな京都の伝統工芸は、今も暮らしが支え、新しい代の人も支えて、技術の伝承もうまくつながっている。こんな町はここのほかに、日本のどこにもないと思います。これが京都の底力というものでしょう。

黒田辰秋作
蔦の金輪寺棗

球体の傘の取手

木のボタン

「開化堂」の約百三十年前の茶筒。
直径も高さも、
現在も作られている茶筒と
寸分変わらない。

組み立てられる前の
茶筒の部品

寺地茂作
アルミの行平鍋

寺地さんの鍛金工房

ザ・ライティングショップのカード

活字と工具

中島さんの印刷工房
壁にはネパールの紙

スフェラの
デザインによる
生活具

「モーネ」とは
月の意味

井上由季子さんの
陶板作品

古紙を利用したコースター

梶なゝ子さんの作品

中量生産の工房

十年ほど使った銅の行平鍋をうっかりして空焚きしてしまい、内側を何ともいえない、いやな煤け色に焦がしてしまいました。ちょうど長く使って内側に塗られていた錫も剥げてきており、塗り替えに出したいと思っていた頃でもあったので、これがいい機会と、買ったお店に鍋の修理ができるかどうか聞いてみることにしました。すると修理は可能とのこと、僕は早速お願いすることにしました。

二カ月ほど経って、修理に出した鍋が戻ってきました。包みを開けてみて驚いたのですが、鍋はまるで新品のようにきれいになっていました。打ち出したばかりの輝く銅の色。塗り直された内側の錫の色。木の柄も真新しい朴の白木にすげ替えられていて、「修理に出すとこんなにもきれいになるのか」と、その鍋を見ながらうれしくなってしまいました。

その時、普段僕のところに届けられる木の器やスプーンの修理品のことが、頭に浮かびました。そして、愛着のあるものが修理されて戻ってくるということのうれしさを、自分自身でも改めて理解することができたのです。長い間使ってきたものが自分の不注意もあっていけなくなった時、それが寿命であれば納得もできるでしょう。でもまだ金属自体はしっかりしていて、捨てるに忍びないほどならばなんとかできないかと悩んでしまいます。「どうしよう」、そんな後悔の塊を胸に抱えて修理に送ってみたところ、想像以上にきれいになって戻ってきたなら、こんなにうれしいことはありません。長い間大事に使ってきた道具には、その人や家族の時間が刻まれています。そんな家族の記憶を失わないために、壊れた時は修理ができるという信頼感は、使う人たちにとって大きな安心になるでしょう。それは暮らしの根っ子に浸透する、豊かな潤いの水のようなものかもしれません。

きれいになった鍋を見ていたら、僕は突然この鍋を作っている人に会いたくなりました。金属の仕事や修理を、こんな風に何ごともないかのようにこなしている作り手の仕事場を、一度訪ねてみたいと思ったのです。

カンカンカンカン、金属を叩く槌の音が聞こえてきます。近づくにつれて、音はだんだん大きくなる。なんだかしばらく聞いていない懐かしい音だなと思っていたら「村の鍛冶屋」の歌が、口をついて出てきました。でもこれからうかがう寺地茂さんの工房は銅、真鍮、アルミなどの金属を叩いて鍋などを作るところです。実は僕もよく知らなかったのですが、鍛冶屋とは鉄で刃物などを作る仕事。寺地さんの場合は鍛冶といわず、鍛金《たんきん》というのだそうです。

寺地茂さんは小学校六年頃には、すでに仕事を手伝いはじめました。それから数えるとなん

と六十年間、槌を手に金属を叩いてきたことになります。お会いすると、さすがに仕事で鍛えられた、がっしりとした体つきの人でした。

「金属を叩くという仕事なら、これまでなんでもしてきた」と寺地さんは言います。苦しい時期には車の板金の仕事だってやったそうです。

「昔、ウチは西陣織りで使う染色鍋を作っていたんや。当時はそういう家が京都にはたくさんあったけれど、今はもうないな。だから大きなものも俺は作れる。今の若いものたちでは……」と、ちょっと考えて、「まあ、作れるやろ」と、人懐っこく白い歯を見せて笑うのでした。

「若い頃は毎日深夜まで仕事をしたな。それも毎晩酒を飲みながら叩いた。その時分はこの周りも皆そんな風だったし」

働き盛りの頃の寺地さんの様子が目に浮かびます。朝から晩まで叩いて、叩いて、馬車馬のようになって働いたのです。

「でも、飲みながら叩くと、勢いのある、エエ感じに仕上がンネン。鍛金はいつまでもなぶっていたらあかん。そりゃ（時間かけて丁寧にやれば）かたちは良くなるかも知らんが、勢いがなくなる、だからできたもんに張りがなくなる」と、まさに叩き上げの男の話は、酒飲みの話かと思って聞いていると、いきなりもの作りの核心に触れてくるのです。

「仕事はきれい過ぎたらあかんのや」

寺地さんの目が一瞬きらっと光ります。寺地さんは職人としても一流だけれど、そればかり

寺地茂さん

ではない、作ったものを見れば明らかなように、かたちを考える力も、ものを見る力も一流なのです。

寺地さんの工房では寺地さんも入れて五人が働いています。寺地さん親子、昔からの熟練の工人、そして若い二人の職人です。寺地さんのところは鍋やお玉など普段使いの台所道具を中心に作っていますが、こうした日用品を作る工房としてはこれくらいの規模が一番いいのかもしれないと思いました。というのは、あまり大人数だとだんだん機械化して効率を追求するようになるだろうし、こんなにいろいろなアイテム数や数量を作るには、一人工房ではとても難しいと思うからです。そういえば茶筒の「開化堂」さんも、今は忙しくしているから人が増えたそうですが、これまではずっと五人ほどだったといっていました。一人工房とも量産とも違う、その中間の量を作るようなところを、「モーネ工房」の井上由季子さんは中量生産と表現していました。なかなか面白い言い方で、確かにこの五人ほどの人数で作る中間的なもの作りの環境は、高い工芸技術も保てて、かつ一品製作ではなく量を作るから日常品の範囲に収まるような価格帯になるので、生活品を作り続けるためにとても適したやり方ではないかと思うのです。

僕が生活で使う日用品を選ぶ時、それが作家のものであるか、工業製品なのかという区別はあまり気にかけていないように思います。自分が好きなものであったら、それが工房作品でも工場製品でも、どちらも区別なく使いたいし、どちらかというより、適当に混ざっていた方が気持ちいいと思うのです。ものにとって大切なことは厳選された素材と的確な技、工程の隅々まで厳しい目が行き届き、加えて考え抜かれた美しいかたちが結びついたものであること。少量でも大量でもかまわない、どちらの場合でも、それがいいものであったらこだわりなく選びたいと思っています。もしも量産品が粗悪である場合が多いとしたら、それは経済性（過剰な利益の追求）や効率性が先に立ってしまうからでしょう。でも、もの作りの姿勢がきちんとできていないことが粗悪なものを作る原因であるならば、たとえそれが個人作家の場合であっても、同じことではないでしょうか。だからものの善し悪しは、量の多少にかかわらず心がけ次第、人次第だろうと思うのです。だから僕たちは定番の日用品を作り続ける環境として、寺地さんのような中量生産の仕事の仕方から、多くの学ぶべき点があるように思っています。

まず家内制手工業のような中量生産の形態は、細く長くものを作り続けていくのに適しているように思います。一人工房の仕事は、社会が支持したものであっても、一代限り、その人が仕事をやめた時点で途絶えてしまいます。また企業は収益を上げることが目的であるから数字が上がらないものを維持するような考え方をもともと持ってはいませんし、利益が確保できなければ、それを求める人があったとしても、不採算を理由にすぐに生産中止にされてしまいます。それはレコードやフィルムカメラの例でも明らかです。その点家内制手工業でしたら、細く長く仕事を続けるのに適しています。跡継ぎを加えた数人の生活が保障される仕事量が確保されれば、多品種を少量ずつ持続的に繰り返し再生産しますから、跡継ぎも育てながら、生活品を作り続けることが可能です。中量生産は同じものを何度も、たくさん作りますから自然に技術も上がりますし、共同で仕事をしますから生産性も向上し、だから価格を抑えることも可能なのです。そのように社会の基準になんとか収まる価格で、いいものを作るという生活品の目的には少人数の工房製作はとても合っていると思うのです。もちろん怖い親方が眼を光らせていることも、隅々まで行き届いた質のものができる大きな理由のひとつですが。

寺地さんは作る人だから、叩きながら夜も昼もなく、何を、どう作るのか「いつも考えている」と言います。寺地さんは考える。作ったものが使う人の手に渡り、愛され続けるものでなくてはならないと。その一方で寺地さんは抱える職人の手が空かないだけの仕事を確保することもしなくてはならない。寺地さんはいつも常に具体的なもの、具体的な問題に向き合って、その時その時自分なりの答えを出すかたちで仕事をしてきました。とかく作家は空想に遊び、企業は採算性に走ってしまいますが、その点家内制手工業のような形態は、確かに今の流行ではないかもしれませんが、「生活という地面」にしっかり足がついた仕事の仕方だと思うのです。

でも、すでに気ままな一人工房で長く続けてきた人間には、新たに人を入れて、五人ほどの家内制手工業のような作り方を始めることができるか、といいますと残念ながらできない、と答えるしかないでしょう。生活品を作る工房としてとても魅力的ですが、一人でやるのに慣れた人間には、残念ながらなかなか高いハードルといわざるをえません。

寺地さんが帰り際に「これを」とアルミの行平鍋を渡してくれました。銅、真鍮、アルミと使ってきた経験から、結論的には台所にはアルミが一番適している、というのが持論のようでした。寺地さんはアルミ鍋だとアルツハイマーになる危険がある、という定説も「単なるデマ」だと一蹴し、アルミが良いと言います。アルミ鍋は長い期間の使用にタフに応える、軽く、作業性もよく、美しい素材だというのです。

スイーツと活版印刷

三条木屋町を上がったところ、高瀬川に面したビルの二階に、以前「リドル」というケーキと珈琲の店がありました。その店はメニューを見ても確かにケーキと珈琲しか置いていないのだけれど、店内は薄暗く、暗赤色の堅木でできた渋い幅広カウンターに、絞り込んだダウンライトが光の輪を作っていました。そこはどう見てもティールームの印象ではなく、やはりバーと呼んだ方がふさわしい空間。バーテンダーのようなきちっとした身なりの男性が前に立ち、静かに出されたそのメニューを見ると、やはり酒類の名前はひとつも書かれてなくて、数種類のスイーツと飲み物が並ぶだけでした。少し前に夕飯を終え、お酒も飲んでいた僕たちは、気分としてはもう少しカクテルかスコッチにでもいきたい感じだったのですが、メニューをどう捜してもそんなものは見つけることができませんでした。

カウンター越しの壁には、四角い嵌め殺しの窓が開いていました。そこから川岸にある大きな柳の木が風にそよぎ、高瀬川の流れがきらきらと光るのが見えました。僕はカウンターに座り、なんだか幸福な気持ちになってきて、思わず「いい場所だな」と胸の内でつぶやきました。その時すでに酒の方に向かっていた気持ちは切り替わっていました。食後のデザートをお願いしてみようと、僕はメニューを読みなおしたのです。

出てきたのは、クレーム・アングレーズ・オランジュ。クリームにオレンジソースをかけたお菓子でした。ひと匙、口に入れて驚きました。甘酸っぱいオレンジソースがシャワーのように口全体に広がり、その後から甘みを控えたブラマンジェがゆっくり絡み合い、喉元あたりからさらに違った味に変化しながら過ぎていくのです。からだ全体にまで染み込むような、そんな美味しさ。僕はしばらくからだの動きを止め、余韻を味わう。それは香り豊かなシングルモルトウィスキーを口に含む喜びと、同質のものでした。


僕は十代からこれまでに、自分の好きな店を、それはいわばこころの糧にもなっていたようないくつかの店を想い出すことができます。そして、それらの店から多くのものを学んだように思うのです。それは好きな本のように、あるいは好きな音楽のように（決して学校では教わることのできないものばかりでした）。

気に入った席に着いて、心地よい光に包まれながら本を読むことの愉しみ。雨の日に、カウンターだけの小さな店でぼんやりと濡れた町の景色を眺める愉しみ。あるいはジャズの生演奏を聴き、その後お酒を飲みながら友と会話を交わす愉しみ。行きつけの店がなんとなくできるようになって、そこのドアを開けて入ることの愉しみ。そのひとつひとつの場所と時間が、今も自分の血となって流れ、肉となり、からだのなかで呼吸しているのがわかります。

山口瞳は自分の「行きつけの店」についてこんなふうに書いています。「行くと歓迎の気持ちを一杯にしてくれ、私はただただうれしく、ただただ有り難い。行きつけの店の女将は私の先生であり、私は、生きるというのはこういうことだと思ってしまう。人のことは知らない。私は人生にこういう瞬間があればいい、ほかに何もいらないと思っている」と。

　まさにその通りです。もちろん僕は女将が待つような店にはあまり出入りしていないので、店の感じはずいぶん違うでしょうが、それでも好きな店に通い、居心地のいい席に座って、そこで過ごす幾許かの時間は、もうほかに何もいらない「生きているということはこういうことだ」と思う至福の時であることについては同感です。

「リドル」は一九九四年にオープンですから、すでに僕は松本に住んでいました。だから京都に行った折に立ち寄るだけで、通ったといってもせいぜい七、八回。後日お聞きすると、店主の中島さんも覚えておられないぐらいの客でした。ただ京都というと「夜はリドルへ」と、まず頭に浮かんだ店で、ここで食べるスイーツの美味しさと、その過ごす時間の心地よさは、特上の時間でした。

　でもその「リドル」がある日突然店を閉めてしまいました。京都の友人からその情報が入った時、どうして？　あんなにいい店だったのに、と信じられない思いでした。ある日突然

木屋町にあった「リドル」の店内

消えてしまった僕の名店。それからは京都に行くたびに思い出して、残念な気持ちでいたのです。

それから三年が過ぎました。

ある日、「リドル」のスイーツが俵屋旅館の新しいカフェ「遊形 サロン・ド・テ」で復活した、という噂が突然舞い込んできました。あの「リドル」の主は、中島研一さんとおっしゃって（その時はじめて知りました）、現在は活版印刷を仕事にしているというのです。それを聞いて僕はいてても立ってもいられなくて早速中島さんに連絡を取り、お目にかかる約束をしたのでした。

地図を頼りに中島さんの仕事場へ。小さな町家を借り、二年かけて直したというなかに入ると、どこかで見覚えのある質感の壁でした。それもそのはず、僕の漆工房とまったく同じネパールの紙を、その部屋の壁という壁に貼ってあったからでした。壁もそうだが古い家は隙間が多い。柱はヨロビ、天井から埃が始終落ちてくる。それで考えたのが韓国の家でよく見る、柱も壁も天井もすべて境なく紙を貼って、覆ってしまうという方法でした。これなら埃が落ちることも止まるし、断熱にも効果があるだろう、と。

部屋の中心には小さな機関車を思わせるような黒々とした鉄のかたまりが置かれていました。パイロット・プレスというアメリカ製の活版印刷機です。手動でハンドルを動かすと、ローラーが回り、インクを活字に塗り付け、紙をそこに押し当て、印刷ができるという仕組み。「リドル」をしている頃、奥さんが近くに「ザ・ライティングショップ」という紙とレターカ

中島さん作の小口木版

ードなどを扱うお店を開きました。そのお店で見たのが活版印刷で刷られたカードやエンボスで描かれたカードだったといいます。それは中島さんがリドルを始めて十年目頃らしいのですが、ずっと一人で店を切り盛りしていて、ほとんど休めない状態が続いていたそうです。それに開店以来ずっと工夫を重ねてきたスイーツも、だいたい自分のやりたいものを作り切ったかな、と感じはじめていました。人前で仕事をすることにも、少し疲れていたといいます。そんなこともあって店をどうしようか、とぼんやり考えている頃、奥さんのお店で活版印刷に出会ったのです。中島さんはそこで店を閉じる決心がついたといいます。これからは活版印刷工房を作り、一人だけでできる仕事に切り替えようと。

当時から彼の店へは俵屋のご主人も通っていらしたそうです。それで今度カフェをオープンするので、あの中島さんのスイーツをお店で出すことはできないか、と相談を持ちかけました。中島さんは俵屋さんの申し入れを受け、「リドル」時代に作ったスイーツのレシピをすべて提供し、そのうえ厨房で作る人への指導も請け負いました。こうして「リドル」のスイーツは、復活したのです。

帰り際、中島さんに「もうケーキ屋さんはしないのですか」とたずねてみました。「する気はないですね。レシピもみんな俵屋さんに渡してしまいましたから」と、驚くほどきっぱり返ってきました。中島さんの興味は、今は活版印刷の方に向いているのです。

新しい川の流れを

もの作りは川の流れにたとえられることがあります。木の場合であれば山を育てる林業、木を伐りだす造材、丸太を板にする製材、さまざまな木材を扱う材木業、それを加工する木工、製品を販売する小売店、そして暮らしのなかでそれを使う人たち。それは一本の川の流れのようにつながり、どの流域であっても流れが悪かったり、止まってしまったりすると、川の水は溢れ、氾濫してしまう、つまり機能しなくなってしまいます。だから川上にいるものも川下の環境のことを考えたり、流れ出る海のことを考えないではいられないし、逆もまた同じです。

「開化堂」の茶筒がずっと続いてきたのも、ずっと茶筒を買う人がいて、その流れが続いていたからだと前に書きました。もちろん下流の様子、茶筒を買ってくれる人の層は昔と今で様変わりしています。前は宇治などのお茶を作るメーカーに納めるのがほとんどだったのが、今は一般家庭で使われる茶筒が中心に変わったそうです。お茶の小売店にあった量り売り用の大きなサイズの容器も、需要がなくなってしまい、息子さんたちはその大きな缶を作ったことがないといいます。だから大きな缶を作る技術はなくなってしまうかもしれない。こんな風に技術は、使われなくなれば自然に廃れていく、もしも技術を残したいと思えば、現代の暮らしで必

要とされるもの、多くの人が使いたいと思えるものを考えなくては、本当のところは難しいということになるのではないでしょうか。水の流れが止まったら、今まであった川が消えてしまうように。

真城成男さんの経営する「スフェラ」はイタリアンレストランから始まりました。その後、イタリアの家具を輸入したり、自分のところでデザインしたものを現地で作らせたりして、販売するようになりました。しばらくして京都にショールームを作ることがきっかけで、京都の手仕事に目を向けるようになりました。寺地茂さんなど作り手と組んでアルミのピッチャーや、竹のお弁当籠など、現代の暮らしに合う生活品を開発するようになりました。現在のショップではそうした京都で作ったものと、海外で作った家具類が一緒に並んでいて、それが現在の「スフェラショップ」のスタイルになっています。

ですから真城さんは小売りの場所から川の流れのことを考えているのです。その意味では今回訪ねた先でも、異色といえるかもしれません。「木工屋は貧乏と鉋屑がいつでもついて回る」と、黒田丈二さんが言っていましたが、作り手はとかくお金には縁遠い人が多いものです。でも、真城さんのような立場から新しい流れを志す人が出てくることを、だからこそ期待する人も多いのでしょう。寺地さんも「開化堂」の八木さんもそうです。地域（京都）のもの作りを、国内ばかりではなく、海外につないでいく、そんな新しい川の流れを作りたいという真城さんの努力を、彼らも期待して応援しています。

「日本の手仕事を日本国内だけで消費しようとすると限界があるのです。でも海外にそれを、ものの背後にあるものも含めて上手く紹介することができれば、日本の魅力と一緒に、新たな手仕事の需要を作ることができるように思うのです。僕はそんな仕事がこれからしていきたい、と思っているのです」

彼は海外に日本の手仕事が受け入れられる流れを作ることによって、日本にある高い技術を守り、維持するために役立ちたい、という志を掲げて仕事をしています。これは新潟県で、地場の技術を生かしながら、今の暮らしで使える用途やデザインと結びつける仕事をしている「エフスタイル」の考え方とも重なるものがあるように思います。地場で作られるものが売れないということは、福井でも、何処でもよく耳にしましたが、多くの場合技術が古いのではなく、作られたものの用途やデザインが古い場合が多いのです。

「生活のなかで使う文化が途絶えてしまうと、作る文化も消えてしまう。だから使う文化を育てることも大切だと思うのです」

真城さんは、川上で活動する若い作り手たちとは少し違う仕方で、自分の場所から、もの作りという川の流れを絶やさないために努力しているのです。

手とこころの関係

井上由季子さんにはじめて会ったのは数年前の「クラフトフェアまつもと」の会場でのことです。大阪から松本近郊へ移り住んだ友人の紹介でしたが、その時はまだ彼女はデザイン事務所で文具や雑貨の商品企画などの仕事をしていたと思います。

それからしばらくして、井上さんがクラフトフェアに出品するようになって、一緒に芝生の上に作品を並べる仲間となりました。『紙から生まれる暮らしの愉しみ』や『文房具で包む』など、彼女の著書などからもわかるように、彼女は文具の企画をしていた時代から一番馴染みの深かった「紙」をもの作りの中心にして、京都で「モーネ工房」を立ちあげました。その他にもご主人と一緒に「ギャラリー・モーネンスコンピス」を運営し、そこでいくつも展覧会を企画したり、紙を鋏で切ったような輪郭の陶器のお皿や小物を作り、「モーネ寺子屋」というデザイン私塾のようなものを開いているのです。

井上さんは自分の仕事を「グラフィック工芸」という聞き慣れない言葉で表しています。色紙を鋏でジョキジョキ切って画用紙にぺたぺた貼ったりする、ちょっと子供の頃の工作のようなものの作り方に似ているから、「図画工作」みたいな合わせ言葉を自分なりに組み替えて、そう表現しているのだと思います。つまり彼女はグラフィックも大好きだし、工芸も大好き、ということなのです。考えてみれば子供は確かに粘土遊びやお絵描き、木や紙で動物やのりものを作ることが好きです。まず工芸家のように「使えるもの」などと不純（?）なことは考えないですね。とにかく作ること自体が面白いのです。クレヨンを持って赤や黄色をガシュガシュ塗ること自体が楽しい。紙を折って象やライオンが机の上に誕生することに、興味津々なので

井上由季子さんのカード作品

ギャラリー・モーネンスコンピスは工場の３Ｆにあります。

モーネ寺子屋

す。子供にとっては平面と工作の区別もない。それと同じように井上さんにとってもそこに境界がないのだと思います。いや、井上さんはもっと明確な考えも隠していて、グラフィックと工芸を区別する垣根も取り払いたい、と思っているのかもしれません。とにかく手を動かし「ものを作ることの楽しさ」そのものを多くの人に知ってもらいたいという彼女の熱い気持ちは渦を巻き、多くの人を惹き付けて、活動の範囲はますます広がるばかりです。

なかでも井上さんの主宰する「モーネ寺子屋」が面白いのです。とにかく元気エネルギーいっぱいの人だから、たくさんの人が集まってくる。塾を覗くと、たとえば塾生に「木の枝や松ぼっくりで絵を描く」というテーマをだします。鉛筆や筆ではなく枝や松ぼっくりに絵の具をつけて絵を描くわけだから、これだともちろん上手くは描けない。上手くは描けないけれど、習慣的な手の動きが封じられるから、思うように動かない拙い手つきで、逆にちょっと面白い線が描けたりするのです。描いたその絵を今度は色紙にコピーしてみる。すると今度は手の跡が少し遠のいて、版画のように手描きの直接的な熱がとれてそれがまた新鮮。いつも身近な材料と道具を使うのだけど、「こうするともっとよくない？」と塾生たちにデザインを気づかせることも忘れません。だから手で作りながら、同時に心地いいデザインとも少しずつ結びついていく喜びも、塾生たちは知ることができるのです。塾生たちは、回を重ねるたびにステップアップしていって、ある時勝手に面白いものを作りはじめるのだといいます。

「もう少し刺激したいと思う人が、今ウチに何人かいるのです」

そう思うと、いても立ってもいられなくなるのが井上さんです。さらに新たな課題をその人たちに与えていくのです。ギャラリーではモーネの仲間の展覧会も企画し、多くの人に見てもらう機会を作ります。そうするとますますその人たちが生き生きしてきて、積極的に人に何かを伝えはじめるようになる。そうやって井上さんの周りにはいくつもの渦ができていくのです。

ものを作ることや、デザインすることはだいたい個人作業のようなところでとどまる場合が多いものですが、井上さんはそれとは逆に人と人がつながるコミュニケーション・ツールとしてそれを使っているのです。ものを作る喜びを作家として自分だけで感じるだけではなく、寺子屋のなかで、人が本来持っているはずの「ものを作り出す喜び」を、その人のからだのなかで気づかせ、発見させること。そういうことに興味津々のように見えるのです。普段僕たちはものを介して人に接するけれど、彼女は直接人に関わり、もっと眼には見えないところにあるもの作りの本能を、人のからだのなかに呼び覚ます、そうしたことが「モーネ寺子屋」ではおこなわれているような気がするのです。ものに溢れた現代において、ものを作ることばかりが、もの作りの仕事ではないと思います。ものを作らないでも、もの作りの本質に触れてゆくことができる。井上さんの実践はとても楽しく、魅力的な活動なのです。

はじめに書いたとおり、井上さんは大学卒業後大手の文房具メーカーに務め、その後デザイン事務所で文具の企画などの仕事をしていました。デザインも好きな仕事だし、消費者からの手応えも感じることができるから、元気に毎日仕事をしていました。しかしある時期から少しずつ会社に行く足取りが重くなってきたそうです。そして時々、登校拒否の子供のようにずる休みして、駅や公園でブラブラすることもありました。その時、自問自答しながら出てきた答えが、「手を動かしていないと私はダメなのだ」ということでした。具体的なもの、それは紙でも粘土でもなんでもよかった、ただ手を動かしてカタチにする、そのことが毎日の生活から失われていくにしたがい、人に会うことやコンピュータで図面を描くことだけで日々の時間が埋まっていくにしたがい、元気が失われてくるのがわかるのでした。相変わらず会社では元気に振る舞っていてもそれはカラ元気に過ぎなかったのです。こころは痩せ、からだが萎え、それでとうとう井上さんは仕事をやめる決心をしたのです。そんな頃、松本のクラフトフェアに来たのだといいます。そして手でものを作る人たちと会い、話をするうちに、「小さな一歩からはじめよう」と思えて、ずっと好きだったカードを作るという新たな道を歩みだしたのです。

井上さんに、僕が松本で医学部作業療法学科の学生に少しだけ木工を教えている、という話をしたら、その「作業療法」という言葉にいきなり反応が返ってきました。「それそれ、私にとって手を動かすというのはまさにサギョウリョウホウなのです。わたし、手を動かしていると、元気が回復してくるのがわかるんです」と身をのりだしてそう言うのでした。「手とこころはつながっている」。顔を上げた時、井上さんの眼がそう言っていました。

手を動かすこと。それはずっと手元にあるひとつのものを見続けることでもあります。意識を集中して、ものを見る。そして見えたかたちにしたがって、手を動かす。それはまた木や

糸をずっと手で触れている、ということです。手から伝わってくる自然の感触は、からだの深いところにある記憶につながり、忘れていた感覚を呼び起こします。難しいところでは頭も使いながら作業を進め、そしてまた手を動かす。動き続ける手のダンスを見ていると、確かにわたしは今ここにいる、という生の手触りを感じるのです。それは誰にも代わることができない、自分だけの時間、自分だけの場所。腰を落ち着けて、ずっとここにいること。慌ただしい日々のなかで、そんな時間が持てることが、うれしいことなのです。

井上さんのお義母さんは、布でテディベアなどを作るそうです。それが素敵だから若い人から「かわいい」と声をかけられ褒められる。お義母さんは「それだけでうれしくて、表情が明るくなってくる」そうです。

ものを作るということは、作家がものを作るというだけではもちろんないと思います。もっと広く、人間のもっと本能的な部分につながっているのではないでしょうか。素材に触れるよろこびや、ものが自分の手から生まれるよろこびは、ものを使うよろこびと同じ質のものだから、こんなに複雑な社会のなかで、もっと単純に人が生きていけるということや、手間をかけて暮らすことの気持ちよさ、頭だけでなく手を動かすことの大切さを伝えることも、もの作りの仕事といってもいいと思います。もっと単純な仕方で、僕たちは生きていける。どこか遠くへ行かなくても、ここにいて豊かな世界に触れることできる。どれもみな、ものを作ることにつながっていることだと思うのです。

磁土の仕事

陶芸や木工の作家には、普段は実用の器を中心に仕事をしているのですが、その一方で彫刻やオブジェなど、器とは違う、美術作品を作っている人もたくさんいます。そうした異なる作品世界を持つようになった経緯はさまざまでしょうが、それにしても僕の周りを考えてもとても多い。このように器と美術作品のふたつを作る人がこれほど多いという事実は、それ自体も興味深いことだと思います。もちろん素材や技術に関しては、どちらも共通しているから、手がけやすいということはあると思います。バウハウスのように、美術も工芸もデザインもひとつのものとしてみてきた経験があるから、そうなるのも当たり前、といえるかもしれません。もちろん、製作の動機や作品に込める内容についてはずいぶん違っていますから、安易にひとつの理由に結びつけることもできないとは思いますが。

ある時、器を作る若い陶芸家から、「器ばかりでなく、美術作品も作らなければいけませんか」と質問をされたことがありました。いくら周りにふたつの作品世界で活動する人が多いとはいっても、そんなことを人に聞くのか、とその質問に、少々面食らってしまいましたが……。だってもの作りはやはり終始個人的な事柄ですから、周りを気にしてもしょうがないでしょう。

梶なゝ子さんの仕事場

皆自分の責任で、自分の仕事の仕方を選ぶしかないのですから。ところが、その彼の表情があまりに真剣だったので、余計なこととは思いながら、僕なりにですが、話をすることにしました。

「（美術作品を作る必要があるか？）そんなことはない、器だけで十分だと思います。何か必然があってそうした異分野の仕事をする人がいることも、それでいいと思うのですが、でも作りたいというあなたの欲求が器の方に向いているなら、それで全然大丈夫だと思います」

美術は、水や人のからだに欠かすことのできない栄養素と同じように、人のこころの栄養のために必要ないわば基本食だと思っています。でも食器もまた、人が人らしく生きるための必需品です。少し前の美術コンプレックスの時代は過ぎ、市井に暮らす生活者の視点から見直せば、美術と工芸の間に格差があるとか、美術作品の方が上等だ、ということはないと思います。作り手は自分の暮らしのなかで「本当に欲しいと思うもの」を作れば、それが器なのか、美術なのかは別のこと。作ることはもっとシンプルに「ただ作りたいものを作る」でいいのだと思います。

僕が梶なゝ子さんの器をはじめて見たのは八〇年代中頃で、歪んだ三角形のお皿でした。削りだしの不定形なかたちや乾いた砂のような色、ざらざらしたマットな素地の質感など、どれをとっても新鮮だったのを覚えています。梶さんは七〇年後半ぐらいから仕事をしていたけれど、すでにかたちも色も伝統的な器の印象とはずいぶん違っていて、器のかたちをしていながら用途にとらわれない、自由な雰囲気の作品を作っていました。ギャラリーの棚の上で、そこだけ小さな抽象彫刻があるかのように、そんな空気感があったのです。

その数年後に見たセメントのような灰色のボウルもよかった。まだ土が生乾きの時、表面を釘のようなもので勢いよく引っ掻いたような傷がありました。傷跡は掻き取られた土がそのまま金属のバリのように残されていて、化粧釉にはない強さ、土そのものが持つもっとリアルな物質感がその器にはありました。

そんな風にして作品のことはずっと知っていたのですが、お会いしたのは五年ほど前、松本であった梶さんの個展の時でした。その展覧会では器は少なく、作品は抽象的な形象の仕事が中心でした。「だんだんそういう傾向になっていった」と梶さんは話していました。もともと梶さんの器のファンだった僕は、彫刻作品ばかりで少し不満だったけれど、作品を見ていると、今彼女は実用品を作るという具体的な暮らしのことよりも、もっと原初的なものに関心が移っているのだろうな、と思えてきました。

そういえばもともと彼女の器は、磁土そのものの魅力が生き生きと伝わってくる作品です。土を引っ掻いたり、削ったりすることで浮かび上がってくるのは、土のそのものの「素」の表情です。梶さんはある時「もっと自由になってもいい」と、思ったといいます。用途を考えたり、器というかたちにこだわることから「もっと自由になってもいい」と。そうすれば、磁土そのものの魅力をもっとストレートに見せることもできるだろう。大きさ、重さ、かたちも、もっと自由に考えることができるだろうと。

用途から自由になった梶さんの作品は、引っ掻いたり削ったりという行為に加えて、押し伸ばしたり、引きちぎったり、叩き付けたりと、身振りがもっと大きくなっていったように思います。カンナのような道具も使わないで、もっと原初的に、手とからだの動きだけで土に向かうようになりました。全身を使って土と関わることは、土そのものもまた、違った表情を見せてくれます。梶さんの身体の動きが、より直接的に土に定着するのです。次々に生まれてくる土のかたちや表情。焼き上がった後にはじめてあぶり出される、手の痕跡。土は作者の無意識なこころやからだの動きまで、そこに写し取ってしまいます。梶さんの仕事は、自然が生み出すものと同じように、ひとつとして同じものはない。そこには今にも欠けそうな脆さがあり、深山を流れる谷川の水のような力強いうねりがあり、切り出したばかりの白い大理石のような、質感と重量感があります。白い磁土の塊はテーブルの上で、自然そのもののように動いているのでした。

梶さんの仕事場に行くと、作品を作る時に削り取った土の破片が、作業台の上に重ねるように置かれていました。その様子を見ると、まさに彼女の作品そのものでした。恐らく梶さんは自分の手や意識のコントロールが効かない状態のところまでもっていって、そこに偶然生まれたかたちを作品にしたいのではないでしょうか。偶然を呼び込むように手をできるだけ勝手に動かしながら、眼は瞬間の土の表情を的確にとらえる。相反する眼と手が、美しい作品を生み

出しているのです。

他の陶芸家は、毎日習慣的に素材に触れ、いつものようにかたちを作ろうとします。そこでは修練こそが重要ですが、梶さんはそうした、当たり前のようにまずからだが動いてしまう作り方を嫌います。実用の器の約束事や、作為のようなものにも飽きていて、作品に自分の思いを込める、というのではなく、磁土そのものに語らせようとしているのです。それは人の頭や手で作り上げるものよりも、ただあるがまま、その土の美しさを差し出すことの方が、ずっと美しい、と思うからなのです。

そんな梶さんに、不定形なかたちではなく幾何学的なかたちは作らないのですか、と聞いてみました。すると「幾何学は完成したかたちだから」と、さらりと返ってくる。幾何学形は自然のなかにないかたち。そよぎ、流れ続け、ひとつ所にとどまらない自然界のなかで、そうした幾何学のかたちは、宇宙のことばが結晶したかのようで、僕には魅力的です。でも、梶さんはだからこそ、そうした完成したものにではなく、むしろ壊れやすい人間のように、不完全なかたちそのものを愛したい、と考えている。梶さんを見ていると、そんな風に思えてくるのでした。

松本

京都から松本へ

　京都にいた頃、僕は小さな劇団に所属していました。六年ばかりは芝居一色の毎日が続いていましたが、僕たちは年一、二回の公演をするためだけに、つまり芝居のためだけに生きていました。でも、もともと僕が演劇向きの人間じゃなかったからだと思います、セロリを一本両手に持って、ポキッと折った時のような、そんなあっけない挫折の音が聞こえて、僕の演劇時代は突然終わることになったのです。

　それはあまりに突然で、こころの用意も、金銭の用意もできていませんでした。僕はひとつのバッグと、ポケットに数千円の現金だけを持って、住み慣れた京都を離れたのでした。

　劇団にいたころは、僕はあまり本を読まなかったと思います。それにテレビからも、ラジオからも、まったくといっていいくらい遠のいていました。その五年間ばかりは、世間の出来事も流行歌も一切が空白でした。

「本を読んでいるつもりのようだけど、ほんとうは読んでなんかいないんだ。それは狐か狸に化かされていて、木ノ葉を本と思ってただ字面を追っているだけなんだ。それだったら、いっそのこと読まない方がましだよ」

劇団では休憩時に椅子に座って本を読んでいると、そんな風にからかわれました。恐らく上の人は、僕たちのわかった気になっている思い上がりのことを言っていたのでしょう。からだの血となり肉となったものしか、ほんとうに本を読んだことにはならない。だから止めた方がいい、そう教えてくれていたのです。


旅に出て、といってこれといって行くところもなかったので、ちょうどその頃中央自動車道の工事がおこなわれていた長野県に行って、しばらく飯場に泊まりながら働くことにしました。とにかく生活費を稼がなくてはならない。将来への不安がないわけではありませんでしたが、僕はその日暮らしの生活をしばらく続けていくことにしました。予定が詰まった忙しい暮らしも、当時の僕には、葉っぱでできた本と同じように、「化かされて、忙しいつもりになっている」と思えたからです。自分と世界との間に、さまざまな「雑用」がたくさん挟み込まれるほど、世界は遠のき、大切なものはぼやけて遠くに行ってしまう。仕事が増えるほど、かえって一日一日の密度が薄まっていくように思えたのでした。

賄いつきの飯場で働くと、わずかひと月半ばかりでもすこしは懐に余裕ができました。しばらくそれで暮らせるなら、少しゆっくり考える時間も欲しい。そう思って工事現場を辞め、来る途中偶然知り合った人を訪ねてみることにしたのです。それが松本に行くきっかけでした。

彼に会いにいくと、幸運にも空いている家があるから使っていいといわれ、僕はしばらくそこに世話になることになったのです。

松本では朝から晩まで予定らしきものが一切ない日々が続きました。開店と同時に喫茶店に入り、そこでお昼を食べたり、本を読んだりして何時間も過ごす。その後近くにあるジャズの聞ける店に行き、また数時間。夕飯を食べに出て、家に帰る、それだけの一日でした。予定表が白紙のままに始まり、そして終わる。でも、そんな一日でも、些細なものごとは起こっていました。はじめて少しだけお店の人と口をきいたり、材木が置かれているところで木切れを貰い、彫刻刀で人体を彫ってみたり。そうしたひとつひとつの小さな出来事が、白い紙に紙魚《しみ》をつけていくように、何もない一日だからこそ、鮮やかにこころに残りました。それは忙しければ眼にも止めないようなことだったり、軽く飛ばしたり、やり過ごしてしまうことばかりです。そんな日常茶飯の出来事を、丁寧にからだで受け止めながら暮らしていく。洗った米粒がシンクの排水溝に流れていくのにこころを痛めるように、些事を流さず生きていく、そんな丁寧に暮らす日々が、その頃の僕には気持ちがよかったのです。

「わたくしたちは、氷砂糖をほしいくらいもたないでも、きれいにすきとほつた風をたべ、桃いろのうつくしい朝の日光をのむことができます。またわたしは、はたけや森の中で、ひどいぼろぼろのきものが、いちばんすばらしいびろうどや羅紗や、宝石いりのきものに、かわっているのをたびたび見ました。わたくしは、そういふきれいなたべものやきものをすきです。」

宮沢賢治の『注文の多い料理店』の「序」の冒頭の部分は、その頃の僕の気持ちにぴったりと重なりました。童話は人にとって大切なことを、世に出るまえの子供に伝える本だと思います。子供の、というより、大人になると忘れてしまう大切なことを、子供のうちにからだのなかに入れておくために書かれた本、だと思っています。だから大人も、時々その大切なことを読み返さなくてはならないはずです。僕はちょうど人生のリセットをしようとする時だったので、その「大切なこと」から、ゆっくり、すこしずつ始めたいと思っていました。

「エリサはたいそう信心深い、罪のない娘でしたので、さすがの魔法もどうすることもできなかったのでした」

アンデルセンの「野のハクチョウ」は、人は「大切なもの」を失うことがなければ、誘惑や嘘など、世の中の魔法にかかることはないのだと、教えてくれました。そうではないかもしれないけれど、僕にはそう読めたのです。

読書は、もうひとつの経験です。その後僕は木の仕事を生業にすることになりましたが、本を読むためだけにあったあの頃の時間は、短かったけれど、今も僕のこころの奥の方に、固い小さな芯のように、残っているのです。

それから僕は東京に出ましたが、松本で知り合った人から、人手が欲しいから手伝いに来ないかと誘われ、ふたたび松本に戻ることになりました。その人は小木工品の製作をし、町では小さな画材店を経営していました。それから一年ほどでしょうか、僕は松本で、そのふたつの仕事を手伝うことになったのです。

奇遇が重なって、僕は松本で本格的に暮らしはじめることになりました。でも、まだ旅の途中のようなからだの感覚が残ったままで、松本にいても、いつまでも根無し草のような気分が続いていました。仕事から帰って夜になると、部屋を出て、つい駅まで歩いてしまうのです。駅に行くと、まだかつての旅の名残のようなものがそこここに漂っていて、それがかえって気持ちを落ち着けてくれました。

「今の僕の生活は、この駅から始まった」

暗い線路を見ていると、これが他の幾つもの町とつながっている、と思えてきます。だからまたフッと列車に乗れば、また新しい町に行くことだってできるのです。

「自由と安定」

思えば僕のこころのなかには、相反するふたつの気持ちがあることに気づきます。いつも自由な精神を持っていたいと思う気持ちと、家にいて、毎日そこで繰り返す日常を慈しみたいという気持ちと。花と実。キラキラした生命の燃焼に、こころを動かされたかと思うと、僕は日々を耕して生きることの、人と人が深くこころを結ぶことの豊かさにも惹かれます。
僕にとって駅は、旅と日常が接する場所でした。

小高い丘にのぼって

　小高い丘に登れば、街全体をひと掴みに見ることができる、「これが、僕の住む街」と。僕は、松本のこの街の大きさが好きです。それはワンルームの家が、自分の暮らしをひとまとめに感じられるから落ち着く、というのに似ているかもしれません。丘の上から、霞のかかった街を見ていると、そこに暮らす人々がみんな、ゆったりした時間を過ごしているみたいに見えます。車もスローモーションのスピードで走っているみたい。慌ただしい日常の音も消え、ここから見える街は、「街」「家」「人」それぞれの輪郭が、こころにすっきりとした像を作ってくれます。住み心地のよい街の大きさ、というのがあるとすれば、僕は小高い丘からひと掴みにできる街だと思うのです。

　松本の空はいつも澄んでいて気持ちがいい。それに、街も規模の割には静かです。それはきっと、街全体をぐるっと山や河川がとり囲んでいるからでしょう。自然が音を吸収し、空気をきれいにしてくれている。人口は約二十一万人。これくらいの規模の街だったら、普段の暮らしに不自由しない程度の都市機能や、モノもそれなりには揃っている。それなのに松本は少し郊外に出れば、すぐに里山や二千メートルを超える高山の自然に触れることもできます。街と、自然がとても近くにあって、都市と自然とのバランスがちょうどいいところだと思います。

「松本はゴミが落ちていなくて、きれいな街ですね」と、訪れた人から言われたことがあります。他所《ほか》はよく判らないけれど、ただ僕が旅した先の街を想い起こしてみれば、なんとなく北の方の街には「きれいな街」という印象のところが多かった。松本は、本州のほぼ真ん中に位置しているので、実際に「北」といえるかどうかわからないけれど、海抜六百メートルで、内陸性の気候ということもあって、気温は北の青森などに近く（だからどちらも林檎の産地として有名）冬もかなり寒い地方です。僕がここに来た年は、毎朝マイナス六度ぐらいの日が数カ月も続き、その寒さにからだがなかなか慣れなかったことを思い出します。だから気質はやはり北方の人のもの。寡黙で、辛抱強い。そんな性格をここに暮らす人たちは備えているように思います。

もちろん、冬が寒い分、夏はずいぶん過ごしやすい。それでも避暑を期待して駅に降り立った人が、他と変わらない暑さに「がっかり」ということもしばしば耳にします。それはたとえ高地でも日差しは同じように照りつけるから、市街地はやはり夏は暑い。でもここは湿度が少ないから、暑い日差しを避けて、すぐに樹や建物の陰に入れば、それだけでも暑さはずいぶんしのぎやすくなるはずです。それに、ビルと大きな看板の間から、ほら、遠くの山が霞んで見えるでしょう。松本は中心部に限れば、ほぼ四キロ四方。比較的小さな街なのです。だから暑い日は、素早く町中を抜けて、郊外の緑の多いところにまで出てしまうといい。緑の木陰に滑り込みさえすれば、気温はずいぶん下がり、首筋をさわやかな風が冷やしてくれるでしょう。

市中の井戸

松本の市街地に源智《げんち》というところがあって、そこにはいつも絶えることなく豊富な地下水が湧き出しています。そのあたりを歩くと、小さな堀が家の脇にあり、そこを透明な水が流れています。松本は女鳥羽川、薄川というふたつの川の扇状地としてできた土地で、それらの川の伏流水による地下水が豊富です。源智の井戸はこのふたつの川のちょうど真ん中、中洲のようなところにあります。

ここは江戸初期から庶民の生活用水に、石工や鍛冶屋が仕事に、そしてお酒を造る原水として使われてきた水です。井戸といってもポンプで汲み上げたりする必要はなく、四百年間、こんこんと自湧し続ける泉です。そして今も多くの人がこの湧水を求めて、ポリタンクやペットボトルを持って、毎日水を汲みにやってきます。日本の水は軟水が多いけれど、ここの水は硬水だといわれています。でも飲んでみると、とても口当たりが柔らか。一般においしい水は軟水だといわれますが、そうとばかりはいえないようです。ポリタンク組は近所の人ばかりではありません。車で三十分ほどもある隣町の飲食店の人も、毎日その水を汲みにやってくるといいます。なんでも一日五百人ぐらいは来ている、というから驚きです。使い切るたびに汲みにやってくる、という女性に声をかけて聞いてみたら「ご飯を炊いたり、お茶や珈琲をいれると、おいしくて。それに今の水道水に入っている塩素が、からだにあんまり良くないって話でしょ。そうした意味でも安心だから」と聞いてまた驚いてしまいました。おいしいということだけで来ている人ばかりでなく、水道水が危ない、と考えて来ている人もいたのです。

普段工房のあたりにしかいない僕は、街に降りて人に接すると、思わぬ勉強ができるものだと、思いました。僕みたいに、「硬水だったらお酒に合いそうだ」、などと考えている呑気ものばかりではなかったのです。こうして源智の井戸に来る人の数が増えている、ということは、自分の身は自分で守らなければならない、と考える人が多くなっているということなのでしょうか。

現在市によって水質検査が行われている井戸が市内には三ヵ所あります。源智の井戸と北門の大井戸。そして槻泉《つきいずみ》神社の湧水です。槻泉神社のある場所は地名も「清水」といい、このあたりは昔は、染色や紙漉の町として栄えたところだそうです。

水と人間の暮らしは本当に深くて、水のあるところに人は集落を作り、その水を暮らしに利用してきました。しかし水道管によって家庭に分配されるようになり、湧水の流れもふたをかけられ見えなくなって水に親しむ機会が減ってしまっています。透明な水も、輝く水のきらめきも、ペットボトルのなかに閉じ込められてしまったみたいで、僕たちの水に対する想像力はずいぶん低下してしまったように思います。

ひとりの時間

木工の仕事は機械の音や、木材を乾燥させるスペースが必要なため、あまり市街地には向いていません。木工の人の仕事場がたいてい自然環境の良いところにあるから、うらやましがられたりすることもありますが、ただ単に町中には適さない、という理由からなのです。

僕の家の周りは住宅地が間近まで迫っていますが、それでも夜は街灯の光もまばらで、暗いところです。暗くなって仕事をしていると、集荷にやってきた宅配便の人から、「こんなところでひとりで仕事をしていて寂しくないんですか？」と言われたことがありました。宅配便のお兄ちゃんも、独りで真っ暗な道を走っているのだろうから、そんな彼から言われたので、ちょっと驚きました。

言われて気づいたのですが、ドライバーも工芸の人も、どちらもひとりでいる時間がとても長いということです。それぞれの場所で、それぞれひとりの時間を過ごしている。だから、ひとりで自分の井戸を掘る、その日々の営みの仕方は共通していて、どこもつながっていないけれど、どこかつながっている。

「足元を掘れ、そこに泉が湧く」

なんでもこれはレーニンの言葉らしいのですが、本当に泉が湧く日に立ち会えるかどうかはわからないとしても、ただ足元を掘り続けることが、僕たちに与えられた課題なのでしょう。

ところでこの夏、二度ほど上高地の奥の、深い森林に行ってきました。木々の音が吸い込まれるからでしょうか、静寂な森の空気がからだのなかにまで染みてきて、そしてこころにも染みて、気持ちがフーと澄んでくるのでした。森の、ここ、あそこ、に遍在する光。高い梢の間からわずかに漏れる光は、一条の細い帯になり、足下のシダの葉の上に落ちて、反射している。吹き抜ける風のなか、からだの中心にどこまでも伸びやかに広がってゆく、ある感覚がありました。木、草、光、大地、水、風。それらが原初の力を持ってここでは息づいています。人々はこの原初の力に触れるためにきっとここに来るのだろう。いわば森の詩に触れ、宇宙に取り残されたたったひとりの人間のような自分に立ち返るために、この森にくるのだと思うのです。

社会に出ると、人は自分のことばかりを考えてはいられません。それが大人になる、ということですから。仕事のこと、家族のこと。でも自分以外のことを思うことは、大きな意味で自分につながることも知るようになります。ただその核にあるのはいつも自分自身です。雑事に追われ、自分が乾いて枯れそうな時や、自分の言葉ではなく大きな言葉を使うようになった時。だから、ひとりの時間が必要なのです。かけがえのない自分自身であり続けるために……。

冬の夜の愉しみ

信州松本の冬は長い。ストーブに火をくべて、暖をとるような寒い日が、およそ半年ぐらいは続きます。そうして春と、夏と、秋は、残りの半年間に急ぎ足で過ぎてゆくのです。だから長い冬を心地よく暮らせるように、寒冷地の家は計画されています。結露しやすい北側の窓は極力小さく穿たれているし、窓ははめ殺しや二重サッシで断熱。あるいは空気層を作るために、雨戸や障子が組み合わされているところもあります。

こうした数々の心遣いに守られながら、わけても冬の小屋暮らしの中心は、やはり薪ストーブです。幸い我が家では、仕事をしていると木の端材がたくさん出る。冬の間必要な薪の量は、ちょうど一年間に出る端材の量と釣り合っていて、それで賄うことができます。ただ端材の薪は、丸太を縦に割った薪らしい薪とは違ってずいぶん格好がよくない。板の両耳を落とした細い薪や、器のかたちに丸く帯鋸《おびのこ》で切り取った残りの板など。そんな不揃いな端材薪を、日が暮れる頃、仕事場から両手いっぱいに抱えてきて、ストーブにくべるのです。

木枯らしが、小屋の外壁に雪を叩きつけるような寒い夜も、薪ストーブはその威力を遺憾なく発揮し、薄着でも快適に過ごせるくらい、小屋のなかを隅々まで暖めてくれるのです。

露天風呂と本と

松本周辺には、銭湯のように数百円で入れる温泉がたくさんあります。市営や町営の大規模なものが増えて、現在はそれらが人気のようですが、古くからの温泉旅館なども、宿泊客のいないお昼の時間帯は、低料金でお風呂を使わせてくれます。自治体の造る建物はとかく寒々しいものが多いなかで、こと「温泉」に関しては、畳敷きの大きな休憩室で無料のお茶が飲めたり、別室でマッサージが頼めたり、生ビールだって飲めたりして、公共施設らしからぬ、かゆいところに手が届くサービスが揃っているのです。それはきっと、役場の担当者がその施設が完成したら自分も利用したいと、本気で思っているからだと思うのです。その本気が、温泉にはぜひこんなサービスがあるといいだろう、と計画段階から、隅々まで気が回ることにつながる。自分たちがよくわかっていることをやれば自然にある水準のものができるという証しです。これが多目的ホール建設、なんていうと音楽や芝居、市民文化祭など、いろいろと担当者の守備範囲を超えるものが増えて、結局でき上がりは寒いものになってしまいます。つまり「温泉施設」は、本当の意味で利用者の立場に立って作られているからうまくいっているのです。人間は正直なもの。思っていることが、かたちにあらわれてくるのです。

ところで、松本の浅間温泉に、元旅館が日帰り温泉に衣替えしたところがあります。かつては松本城主も使ったという、古くからの温泉旅館で、建物の佇まいや庭の風情も、さすがに時代を経た落ちつきがあって、公共温泉とはひと味違った気分を味わえます。

ここの大浴場もいいのですが、僕はもうひとつの露天風呂が気に入っています。その理由は、そこがいつも空いているということ。大浴場とその露天風呂はつながっていないので、服を一度着てから移動しなくてはいけないという手間があるため、利用者が少ないのです。それに工房から車で十分の場所にあるため、夏などまだ明るいうちに時間ができると、タオルと文庫本を一冊持って、僕はここへやってくるのです。露天風呂は山際にあり、紅葉《もみじ》の涼しげな枝などが浴場全体を覆っていて、入浴中の日差しはさえぎられています。僕は半身浴にちょうど良いような浴槽内の石段に腰掛けて、手が濡れないように注意しながら、本を開くのです。なんだか明るいうちにこんな贅沢な時間を過ごしていて申し訳ない、と一瞬思うのですが、その気持ち良さにすぐそんなことも忘れて、本の世界に入ってしまうのでした。二、三十分も入っていると、上半身から玉のような汗が流れてきます。体中を血液がぐるぐる巡って、疲れ成分（?）が絞り出されているみたいに感じる。そこで僕は本を乾いた石の上に置き、首までタップリとお湯のなかに沈めます。

「ああ、いい気持ち……」

時を重ねる街

松本駅を降りて、真っすぐ正面に一キロ半ほど行くと、「あがたの森」という公園があります。ここは旧制松本高等学校の跡地で、当時の木造校舎が今も残っています。

この学校が開校したのは大正十年。その頃の松本はというと、中央線が全線開通したばかりで、繭や生糸の出荷に沸く街でした。そこにずっと悲願だった高等学校の開校が決まった。市は勢いづき、この機に新しい町のかたちを考えよう、となりました。まず街の玄関口には新しい駅舎を建て、その駅と高等学校をつなぐ道路を新設しました。さらにその道路に路面電車も走らせ、この駅前道路を、城下町の新しい軸線にしようと考えたのです。そして駅と高等学校、駅から五百メートルほど離れたところにある松本城、この三点を結んでできるエリアに、これからの松本の街を集中的に作っていこうと計画したのでした。

時間が経ち、今は旧制高校もなくなり、路面電車もありません。でも木造の校舎や、駅前の道路は残っています。街には、変わっていくものと、変わらないものとがあります。その駅前通りには美術館や市民芸術館が建てられ、旧制高校の跡地「あがたの森」は、市民の公園としてすっかり定着しています。そして僕たちが毎年開催する「クラフトフェアまつもと」にとっても、この公園はなくてはならない場所になっているのです。街も当時の計画をもとに発展し、三角エリアには今も集中して商店が集まっているため、歩いて回遊できる便利な街になっています。

松本はまた、工芸の伝統を持つ街でもあります。江戸時代より城下町として職人が多く居住し、戦前も木工の産地として栄えました。そして戦後は柳宗悦の民芸運動に共鳴した人々により、ホームスパンや紬織物、家具などの製作がさかんになりました。今も僕たちのまわりには、織や家具作りの勉強のため松本に来たという人が多くいます。クラフトフェアもこうした流れのなかで始まり、さらに近年、もの作りの人が松本へ移り住もうという動きも増えているようです。

街には、幾重にも重なり合った時間の層があり、その重層的なふくらみが、街の魅力や奥行きを生み出すのだろうと思います。

クラフトフェアのこと

はじまりは一九八四年の冬、木工仲間の一人がアメリカの野外クラフトフェアを写真に収めてきたというので、それを見ようと市内のアウトドアショップに十人ほどが集まったことからでした。壁に映し出された映像は、青空の下、白いテントがいくつも並び、人々の表情もリラックスしていてとても開放的な様子でした。その夜ショップに集ったのはほとんどここ数年の間に独立したばかりの若い木工家で、独立したけれどなかなか発表する機会がないなど、よく似た状況を抱えていました。

「松本でもこんなことできないだろうか」

そしてこれから自分たちの仕事を作り上げていこうというエネルギーがこの夜ひとつになり、「クラフトフェアまつもと」がスタートすることになったのです。

第一回目の準備が始まり、僕は告知のためのポスターやはがきを担当することになりました。そこでクラフトというものを画像でどう伝えたらいいだろう、と考え、自転車に乗った木の人体像を作ることにしました。モーターやエンジンではなく、自転車が人力で動く道具であること。そして細部から組み立てられた全体まで、完成された無駄のないかたちであることが、クラフトと共通すると思えたからでした。早速僕は木の立体を作り上げ（この時はじめて、僕は小さな彫刻を作ることになりました）、それを「あがたの森」へ持ってゆき、古い校舎をバックに撮影したのです。

一九八五年に開かれた初回のフェアは、工芸仲間に声を掛け合い四五組ほどが集まりました。会場の「あがたの森」は、旧制松本高等学校の跡地で、大きなヒマラヤ杉と、大正期に造られた懐かしい木造校舎が建つ気持ちのいい場所です。校庭のような広い芝生の広場にはテント（といってもブルーシートを木の棒で支えたものですが）が並び、はじめて目にしたクラフトフェアの様子は今もよく覚えています。実は面白い話があります。クラフトフェアのイメージカラーはブルーなのですが、現在の実行委員の人たちに伝わっている話は「ブルーシートでフェアをしていた頃のことをいつまでも忘れないように」と、この色に決まったというのです。僕はその決定に立ち会っていますが、実際にはそうした経緯はなかったと思います。でも人づてに伝わるなかで生まれたお話とはいえ、はじめからのメンバーにとって初回フェアの時に見たブルーの色は、ずっと忘れないものであることは確かです。その気持ちが知らぬ間に若い人にも伝わり、このエピソードが生まれたのだと思います。

その後参加者は順調に増えていって、十回目頃には会場の「あがたの森」が窮屈に感じられるぐらいまで、多くの参加者で溢れるようになりました。多くの人に参加してもらえるようになったことはとてもうれしいことでしたが、僕たちは「あがたの森」公園の心地よい雰囲気をとても気に入っていたので、このまま人数が増えていくと、せっかくのこの場所の気持ち良さがそこなわれてしまう、そんな風にも感じはじめていました。そこで思い切って会場の広さから、二五〇名ぐらいを参加人数のリミットにしようということに意見がまとまり、それまでの無審査参加から、選考によるフェアに変更することになったのです。二〇〇九年は応募者が一二五〇人ありましたが、どうがんばってもこの人数が「あがたの森」に収まるはずはありません。人数を限るというのは、やはりどこかで行われなければならなかったでしょう。

僕はそんな風にしてこのフェアに関わり、広報用の印刷物を二十年間作り続けることになりました。印刷物は募集がはじまる一月が締め切りのため、毎年、寒い冬の「あがたの森」に撮影のために出かけて行きました。野外フェアですから青空の明るいところで開かれるイベントなのですが、僕はずっと校舎のなかだけで撮影しました。なぜかというと、僕はクラフトフェアにとって大切なのは会期の二日間だけではなく、それ以外のほとんどの時間を過ごす、それぞれの仕事場での時間だと思っていたからでした。はがきを作りながら、僕はまだ見ぬ遠くの作り手に便りを書くように、こちらの熱い気持ちを伝えたいと思っていました。作り手が年に一度の春祭りのように、あるいは心の虫干しに、フェアに参加してくることを期待して。

フェアに参加する作家たちはほとんど個人工房でものを作る人たちです。こうした小さな工房で作られる工芸は、量産品のような流通経路を持たないため、残念ながら普段目にする機会が大変少ないのが現状です。クラフトフェアはこうした作る人と使う人の間を結びつける場所

第三回「クラフトフェア」ポスター用に作った校舎の立体

を提供することが目的のひとつだと思います。普段使う人の声を聞くことが少ない作り手にとっては、直接使う人の意見に触れるいい機会にもなっています。また一般の消費者ばかりではなく、ギャラリーやショップ関係者など、専門で仕事をしている方の来場者も多くなりました。この出会いがきっかけとなって、新しいショップでの販売が始まったり、ギャラリーから展覧会のオファーがあったり、そうした機会が生まれる場所にもなっているようです。

クラフトフェアは、多くの来場者を迎えるようになり、工芸の分野で何らかの役割と責任を、いつの間にか担うようになってきています。またその一方で、来場者が増えるに従い、別の問題も起きています。駐車場に車が溢れ、付近の交通にも支障がでるようになったからです。対応に追われた実行委員会メンバーは、ほとんど自分のブースにいられない状態が続き、たとえ専門のガードマンを増やしてもこの交通問題はいっこうに解決しない状態になってしまいました。小さな文化イベントとして出発したこのフェアが、いつの間にか自分たちの手に負えないくらいに大きくなっていたということでしょう。そんな事情から行政の協力を求める必要が生まれ、今その理解を得て、交通対策が大幅に改善されるよう計画が行われています。

地域との接触を増やすこと。これは今後クラフトフェアを継続していくためには避けられないことだと思います。また地域との関わりは運営上のことばかりではなく、工芸を幅広く考える場を作ることでもあるでしょう。

クラフトフェアへの参加は現在作り手だけに限られていますが、工芸に関わるのは作家ばかりではなく、使う人や伝える人などさまざまだと思います。実際ギャラリーやショップにも魅力的な活動をしているところが多くありますし、工芸の範囲は古道具から雑貨、プロダクトまで、もっと広いものだとも思います。またものを作る過程を伝えるワークショップは、教育、福祉、医療など、地域と工芸が関わるもうひとつの方向として求められるようになっています。そんななかから二年前より地域の工芸ギャラリーと共同で「工芸の五月」という試みが始まりました。五月を工芸月間として、松本市の公立の美術館、博物館をはじめ市内のギャラリーやショップで、さまざまな工芸の企画を楽しむことができるというものです。

さて、クラフトフェアも二十五年が過ぎ、正直僕も、こんなに長い間関わることになるとは思っていませんでした。恐らくフェアはこれからも、現在進行形の生きた工芸のすがたを伝えていくことでしょう。そしてもし可能なら、消費されていく現代の工芸のなかから選択して、アーカイブを残す作業ができたらと思います。そしてそのコレクションが、ものを作る人が時折訪れて自分の仕事のことを静かに考える、そんな場所になったらと思うのです。

工房からの風景

暮らすこと　作ること

ドイツで作られたＥＣアーカイブズという民族学のフィルム・コレクションがあります。それらのフィルムには、失われてゆくもの作りの姿や、人の暮らしの様子が淡々と撮影されていて、学術的なその視点が、僕にはかえって新鮮なリアリティを感じさせてくれます。たとえば、中央アジアの遊牧民の「ミルク皿作り」。高く伸びた草を刈るところから始まり、そこから草の繊維を取り出して籠を編む。編み上がった籠には片面を覆うように皮を縫いつけ、ミルクが漏らないようにします。でき上がった革張りの編み皿は、実に美しいものでした。あるいは、アフリカで木のスツールを作る映像がありました。立木を斧で倒し、スツールの高さになるよう玉切りにする。それを鉈《なた》と手斧のふたつの刃物だけで、器用に刻んで、すこしずつスツールのかたちに完成させていくのです。このように、ＥＣアーカイブズは、原初的なもの作りの様子を、膨大な資料として残しているのです。しかしこの映像の面白さは、ものを作る行程だけではありません。仕事をする人たちの背後に一緒に映し出される、場所や風景、その全体から人の暮らしの素型のようなものが感じられ、とても惹かれます。作業をするところも、家の戸口に腰を下ろしてだったり、家と家の間にある道端に座り込んで作っていたりで、日本でも、自宅の棚かなにかを修理するために、家の戸口で鋸《のこぎり》を挽くのと同じような感じでものを作っているのです。暮らすことと、ものを作ることがひとつになっていて、実はこういう状態が人の暮らしの当たり前のかたちだったのだと、改めて思い出させてくれるのです。今日の日本では、いつの間にか仕事をするところと、生活する場所に距離ができて、その間を通勤するようになっています。それで仕事の効率は上がったのでしょうが、逆に、仕事をすることと、暮らすことが別々に分かれてしまいました。

ＥＣアーカイブズの映像は、ほとんどが無声映画で、説明的なものもまったくない。映画は始まるとともに、登場した人物がものを作りはじめ、そして作り終えるといきなり、映像はフェードアウトしてしまいます。しかし、映像のなかの彼らの生活は、毎日の〈仕事〉が、暮らしという大きな時間の器のなかに、すっぽりと溶け込んだように見えるのです。そしてこの大きな時間の存在が、ＥＣアーカイブズの映像の最大の魅力であるように思うのです。

そんな民族学の映像のなかの世界とは違って、僕たちは複雑な消費社会に暮らしています。それでも、朝仕事場に行って働き、日が暮れる頃、自宅に戻るといった、比較的単純な生活スタイルは、今ももの作りの人たちの基本形であるように思います。

手でものを作り出す仕事は、ふたつの手ができることだから、ある意味で「たかがしれたもの」です。ふたつの手ができること、これに合わせて暮らしの速度も自然に決められてしまいますが、それはおのずから、現代社会にあっては、ずいぶんゆっくりしたものになるのだと思

163

松本

います。また、仕事場と家庭が隣接している、つまり職住接近は、地方でのもの作りに多い暮らしのかたちです。仕事をしながら、家庭の雑事もどんどんこなさなくてはならない。これは少し前まで農業など第一次産業が中心の世の中では当たり前のことでした。家庭の仕事も、自分の仕事として組み入れ、その時間の流れにものを作ることを浮かべるようにして進めていく。いつの間にか仕事と家庭をどんどん分離してゆくのとは逆に、時間の流れに添うような暮らしの仕方になっていきます。もちろん、その職住接近の暮らしは、仕事と暮らしの両方を考え、そのなかから意識的に選びとった、つまり都市の状況を強く反映した、〈暮らしのかたち〉であることに違いありません。

ところで、車で毎日通っている道を、休みの日などのんびりと歩いてみると、よく見知っているはずの近所の道でも、とても新鮮なものに見えることがあります。それは、車の速度と歩く速度の動体視力が違っているからなのか。それとも、ただ忙しくしていて、ものをよく見てなかったためなのかはわかりませんが、その違いは明らかです。同じように、暮らしの時間を、ゆっくり歩く人たちと、忙しく走っている人たちでは、見える世界が違っているように思います。

であれば、ものを作る人たちの暮らしの速度から、なにか他では〈見えない世界〉が、見えてくるのではないでしょうか。

人の暮らしを見つめ、その生活のなかから、ものが生まれてくる。暮らしのなかから生み出されたものには、そのかたちや肌合いのなかに、それを作った人たちの生活を見つめる視点や、感情のようなものが、自然にあらわれてくるように思います。だからものは多くのことを語りかけ、伝えているのです。暮らすことと作ることを、一日のなかでも何度も往復して、暮らしと仕事それぞれに費やす時間を毎日調節しながら、暮らしている。ものを作る時は、注意深くものを見つめ、間違いのないように隅々にまで神経を使うことに労力の大半をかけています。だからもの作りの日常は、精神的であるよりむしろ、肉体労働者であると思います。目の前にある〈やらなくてはならない仕事〉を、ひとつひとつ落ち度がないように、ただ手やからだを動かして片づけていくことの繰り返しで一日を終始するのです。だから難しいことを考える余裕もあまりなく、一日の仕事が終わったら、からだに残る火照りや、緊張していた神経の高まりが少しずつクールダウンして、そのまま夕餉の食卓にからだを預けて……夜は早くやってきます。

手のなかの小さな渦

写真を撮っていて思うのですが、被写体に対する距離の取り方によって、写真はずいぶん違ったでき上がりになるものです。僕なんかはどちらかというと、つい、ググッと対象に寄ってしまう傾向があって、そうすると例えば旅行中のスナップでもなにが写っているのか、どこで撮ったものだったかが、寄りすぎていてわからないぐらいの写真になってしまうことも多いのです。でもその反面、ディテールのとても美しいラインが撮れていたり、壁のザラザラしたテクスチャーが、それに触れた時に感じた記憶を呼び覚ましてくれるような写真になっていることもあって、旅の記録にはならないけれど、旅の記憶にはなっていたように思うのです。何かを捨てることによって、何かが浮かび上がってくる。写真には、ファインダーのなかで一瞬にして行う取捨選択によるフレーミングの感覚が大切です。それと同じように、ものを作る場合にも、取捨選択によるフレーミングの感覚は大切なことのように思います。なにを生かしたものの作りをしていくか。それによって作品の特質が生まれたり、そこに作家性も生まれてくるからです。

日々の暮らしの道具を作るという仕事は、大きな物事を考えるというより、些事を見つめる仕事です。先ほどの写真の例でいえば、人間の内面や、社会に対する問題意識をテーマにして撮る写真とは違った、もっと生活的で、身近な毎日に感じている小さな感覚や断片を拾い集めて、そこから自分が作りたいものを作っているような写真に似ていると思います。素材と作家の意識は、柔らかなシルクの二枚の布が合わさるようにごく自然に重なり、その間にゴリゴリした理屈や尖った挑発のようなものが、挟まらないように注意するのです。

「クラフトフェアまつもと」の機関誌「MANO」の編集を僕が担当していた時、織物の土屋美恵子さんの言葉に次のようなものがありました。

「たて糸の密度、たて糸よこ糸の色の重なり、織りの変化、そして素材。それらの要素が絡み合ってできる布」

作り手たちはひとつひとつの作業、ひとつひとつの素材やかたちに意識を集中し、手のなかでおこる小さなドラマを見つめながら、毎日、工房で長い時間を過ごしています。

「冷たくて、それでいて温かい、土のようにざらついて陰影のあるといった質感を求めてきました。それは自分がしっくりする温度感とでもいうものかもしれません」

自分にとって特別なことだったり、そうでないことだったり。それらは非常に個人的なこと。あるいはからだの奥に疼く記憶。そんな自分のからだのなかに刻まれているある感覚や、深い感情に導かれるようにして、手は淡々と動かし続けられるのです。

同じ号で布人形を作る能勢寛子さんは「赤ん坊の時にくるまれていた布の感触から始まり、肌身離さずどこでも連れて行って愛着のあまりボロボロになったぬいぐるみ」「好きな人に偶然触れた時の服の感触……とか布にまつわる想い出は限りない」と書いています。

ある夕暮れ、雪道を歩いた時に感じたからだを包みこむ、澄みきった青い冷気のこと。森に分け入った時、高い梢のあいだから射し込む光の眩しさ。そうした記憶の断片に、静かに耳を澄ましながら、かたちを探ります。嘘が入り込まないように丁寧に。

現在のクラフトフェアは三十代の作家が多数を占めています。その人たちと接し、話をしていると、自分の考えをカリスマ的に表現して、既成の価値観に揺さぶりをかける、といった少し前の作家の像と比べて、今の彼らからはずいぶん静かな印象を感じます。毒がなく、癖がない。手の周りで起こることに集中するあまり、人の暮らしや、それを抱える社会などのことも、自然に視界から外れてしまっているかのようです。もっとも、若い作家たちの考えのなかには、毒のある考え方自体が、はじめから視界の外だったのかもしれません。彼らの作家に対するイメージは、恐らく表現者というよりも、かなりの部分使う側や、生活者の実感に寄ったもので、作るということは、そうした生活者としての自分の視点から、自分たちが欲しいと思うもの、あるいは見たいと思うものを作っているように思えるからです。素材に寄り添うように作る彼らの製作態度は、その時に感じるみずみずしい感覚をかたちにすることに、注意力は注がれています。もともと作ることと、使うことの区別が少ない彼らの作品は、おのずから使う人との垣根も、低いものになるように思います。彼らの作品は、挑発的な作品とは違って、大きな声を出すことはないので、部屋のなかで何気なく暮らしに取り入れることができます。布や、木肌や、磁器の手の痕跡。暮らしの時間の流れのなかで、繰り返し繰り返し手で触れるうちに、作り手と使い手の距離は、少しずつ近づいてゆくのだと思います。ゆっくりと、そしてゆったりと。

毎日の生活のなかで使いながら、ある時フッと感じることがあります。それはとても小さな風のように。作り手がものを作りながら感じていた、ある「リアル」な感覚に、使い手が同じように触れる瞬間です。作る人の手のなかで起こっていた渦が、今度は使う人の手のなかで起こる。静かに、存在の深いところに届くリアリティを、時にはものを通じて感じることがあるのです。

いろんな価値が情報化され、相対化されて、自分の存在の確かさを喪失してゆくなかで、この手のなかの小さな渦は、確かな実感を伴うものです。そうしたものはとても大切なものだと思います。なぜならそれが「自分が、いま生きている」という、リアリティ(真実)なのですから。

捕まらないために

僕の木工との関わりは、木のアクセサリーを作るところから始まりました。彫刻刀で鳥や動物や人のレリーフを木で彫り、それにアクリル絵具を彩色するというものです。木彫というと当時は（たぶん今もそうかもしれませんが）何となく古くさい印象がありました。よく知られた鎌倉彫や、水芭蕉を板に彫り込んだ農民美術など、お土産店などで見るたびに、これを部屋に飾ろうと思う人が今どれほどいるのだろうかと、いぶかしく思ったものです。その時、僕は口を糊するために木彫をすでに少し始めていましたが、これから木の仕事をしていくなら、もう少し木についての基礎を勉強しておきたいと思い、職業訓練校で家具作りを習うことにしました。木工の基本的な技術を覚えるためには木彫では幅が狭すぎるからです。木彫の仕事というと装飾的なものが多いですが、それに比べて家具は、表面を平滑に仕上げるので直線や面に明快な美しさがあり、ディテールも密度高く勉強することができます。それに道具として長い使用に耐える作り方を学びたいと思っていました。

もちろん古くさいといっても木彫の仕事に興味がなかったわけではありません。立体を自由に作れることや、木を刻む鑿跡は、木彫の大きな魅力でした。先にも書きましたが、木工だけでなく伝統的な手工芸の技術は、それ自体はニュートラルなものだと思っています。用い方次第で、どのようにも時代の意匠に合わせて変われる可能性を秘めていて、一見古くさく見えるものであっても、表面の古い意匠を削り取りさえすれば、古い柱に鉋をかけた時のように真新しい生地を見せてくれるはずです。

しかし技術を時代の意匠と切り離して「自由にものを見る」ということは、口で言うほど簡単なことではないかもしれません。技術を習得する時点で、かたちも一緒にからだが覚えてしまうからです。仏像でも家具でも、技術を学ぶことはかたちを学ぶことでもありますから、技術習得と同時に、意匠も一緒に頭とからだのなかにすっかり刷り込まれてしまうのです。

木彫でものを作りはじめた頃、僕は木彫の古いイメージに捕《とら》われないようにと、ずいぶん意識していたことを思い出します。そうでした。「捕《つか》まらないように」。その頃はほとんどいつも、そのことをこころのなかで呟いていたように思います。それが本当のところ何に捕まらないようになのか、十分わかっていた訳ではないのですが、自分のスタイルができ上がるまでに、「つまらないところに捕まってしまうとどうしようもない」とか、「頭がそんな風にでき上がってしまったらそれから離れることなんてできやしない」、そんなことを考えていたと思います。

僕が木の仕事に入ったのは三十歳頃。人より遅くもの作りを始めたので、先輩たちがその間見てきたものをできるだけ見ておこうと思い、機会があれば「見る」ことを心がけていました。

手と眼、手仕事とデザインのことも時々考えます。黒田辰秋さんのところで引いた河井寛次郎の本『蝶が飛ぶ 葉っぱが飛ぶ』には「われわれが民芸と言っているのは、その時代その時代の工業だと思います。もちろん、その頃は、機械的なものは今日ほど発達していないから、ことごとく手仕事が工業であった時代で、工業と民芸とは不可分であったわけです」とありました。僕は民芸の人は手仕事しか認めず、機械生産のプロダクト・デザインに対しては否定的だという印象を持っていたのですが、実際にはそうでない人もいたのです。確かに手仕事から生まれた美しいものは多いと思いますが、同じように量産品にも美しいものがあります。河井は工芸を工業の一部だと言いかえることで、手仕事も機械生産も生活品を作る技術としてひとつの同じ役割を担っていると言っています。だから工芸は、生活品を作る工業のひとつだというのです。でも今の日本の生活品は作家の作るものと量産品に二極化していて、その中間で工業のように手でものを作る人はとても少ないように思います。でも工芸家のすぐれた眼で素材を吟味し、卓越した手仕事で丁寧に作られたもの。しかもそれがしなやかな眼で描かれたデザインであったら、きっと素敵な生活道具に仕上がるのではないでしょうか。僕たちの日々の生活道具を作る生産技術として工芸を考え直し、手仕事とデザインが協力しあう、言ってみれば中量生産のような分野は、今の作り手に残された宿題のように思うのです。この本の終わりに、これも先ほど引いた柳宗悦の文が続いています。「もう個人陶の時代も過ぎていいのだ。これからは個人と工人達との結合による陶器が生れていいのだ」と。柳もまた、工芸の世界が、作

器の木取り

家ばかりでは不十分だと言っています。アートばかりではなく、もう少し中間の、眼と手の協力による暮らしに即した生活品を作ることが求められていると。

「工芸は常に振幅が大きく美術と工業の間を往復しております。それで工業に近い工芸があるかと思うと美術に近い工芸があります」(河井寛次郎)

「美術」はもちろん素敵な仕事ですが、やはり選ばれた人の仕事でもあると思います。だから個人作家ばかりではなく、「工業」寄りの考え方でものを作る仕事がもっと広く受け入れられたら、と思うのです。

そういう僕も、工芸家ではなく木工デザイナーとして、職人の力を借りてものを作るという方法で生活品を作ってきた一人です。二十五年あまりずっと一緒に助けてくれたスタッフは五人。木彫の宮沢博邦、中沢盛夫。ろくろの大川照夫。機械加工の百瀬義晃。糸鋸の小倉萬人です。まるで芝居の一座のように「工人」たちと「結合」して仕事をしてきました。デザイナーといっても昔の座長や親方みたいなものですから、机に座っていたのではまったく仕事になりません。漆を塗ったり木取りをしたり、僕も一緒にずっと木に触れています。僕の担当はすべてのデザイン、サンプル作り。木の選木、製材、乾燥。材料からの木取り。そして仕上げと漆塗りです。

もちろん以前から柳や河井の考え方を知っていたわけではありません。始めた頃、生活品ぐらいもっと普通にやっていいのではないかと何となく思っていたぐらいで、深い考えがあったわけではありません。僕は劇団にいた頃、ものごとには一人でなくてはいけないことと、人と協力した方がうまくいくものとがあると教わりました。絵や文を書くことはもちろん一人の仕事です。でも、同じものをいくつも、そして繰り返し作る必要がある生活道具は、人と一緒に仕事をした方が精神的にも、製作に関しても、少なくとも自分にとってはいいような気がしたのでした。それに芝居や映画がそうであるように、集団でものを作ることが質の低下につながるとは思えませんでした。そのことよりも、自分一人でものを作っていけば恐らく何かに「捕まってしまう」。うまく言えませんが、それを回避するには、人と協同でものを作ることの方がいいのではないか、何となくそう考えたのでした。

始まりはブローチやスプーンでした。サンプルを見てもらって少しずつ注文をもらうようになり、しばらくするとありがたいことに注文は増え、いつしか毎日同じものを作ることで追われるようになっていました。うれしかったけれど、将来に不安も感じました。「このままずっといけばブローチ作家とか、スプーン作家になって《捕まってしまう》かもしれない」と。そんな気持ちを持つようになった時、家のなかを見回すと暮らしのなかにあったらいいな、と思うものがいくつも眼についたのです。こういう生活道具を作っていきたい。冷蔵庫に貼り付けるマグネットやカトラリーやバターケース。僕は暮らしのなかの小さな道具類が好きだったか

ら、そうした生活道具を作ることを通じて、人の「暮らし」に関わりたいと思ったのでした。

もちろん僕も作家の仕事には魅力を感じます。でも、作家としてひとつのものを作る仕事のすばらしさもよくわかるけれど、「個人と工人たちとの結合による」分業で、暮らし回りの実用品を作ることもまた楽しいのではないだろうか、そのように思うのです。

あとがき

はじめて福井へ取材に行ったのが、二〇〇六年十一月でしたから、二年半かけて長い川下りをしたような感じがします。人に会い、川を下ってまた訪ねていく。いずれも長く住んでいた土地でしたので、今そこに住む人たちとお話ができてとてもうれしく思いました。お会いした人たちは、産地で職人仕事をしている人もいましたし、お菓子を作る人もいました。暮らしと工芸の結びつきを考えたい、と始まった旅でしたから、できるだけ工芸の枠を広げて考えたいと思ったからです。

生活で使う工芸は、河井寛次郎の言い方にならえば、手で作る工業なのだと思います。素材を選び、丁寧な手仕事をし、しかもかたちのきれいな生活品を作ること。でも材料や手間を贅沢にかける、というのとはすこし違って、作品の質を求めながら、同時に暮らしで使われるものになるよう、そのバランスが大切なのだと思います。ものを選ぶ時、部屋のなかでの取り合わせを考えます。そして僕はかたちがきれいで、なにげない普通の表情をしているものを結局選んでしまうのです。工芸が暮らしから離れないためには、そのような生活者の眼が重要だと思っています。

今回出かけた福井と京都、そして松本の三つの街の工芸を見てみると、それぞれが特徴的であることに気がつきます。福井は本当に職人の町でした。ほかの二ヵ所と比べると観光や他県からの人の流入が少ないからでしょうか、昔からの仕事の仕方がよく残っているのです。京都は、ものづくりはもちろん、それを支える道具や材料店、消費者など、工芸を守る総合的な基盤が整っているところだとあらためて思いました。そして松本は個人工房を持って製作する作家がとても多いところです。

最後に、取材の折お世話になった方々に、ここで改めてお礼を申し上げたいと思います。皆さんのお仕事がよくて、とても勉強になりました。また遊びに行かせてください。適切で美しいレイアウトをしてくださったデザイナーの渡部浩美さん、ありがとうございました。また一緒に旅をしてくれた編集の丹治史彦さん、京都では急に腰痛になってしまい松本まで送ってもらったりしましたね。いろいろお世話になりました。

僕にとってはこの本を作ること自体が、ひとつの忘れられない旅になった気がします。

二〇〇九年五月　　三谷龍二

自宅（右）と
木工房（左）

三谷龍二（みたにりゅうじ）

木工デザイナー。1952年福井市に生まれ、その後大阪、京都を経て、松本へ。1981年長野県松本市に個人工房ペルソナスタジオを開設、複数の職人たちとの共同作業により木の器をつくる。毎日の食卓で使われる木の器を提案し、全国のギャラリーで個展を開いているほか、立体作品、平面作品も手がける。「クラフトフェアまつもと」の運営に当初より携わり、現代の暮らしと工芸のあり方を模索し続けている。著書に『木の匙』（新潮社）、『僕のいるところ』（主婦と生活社）、『三谷龍二の木の器』（アトリエ・ヴィ）がある。

初出一覧

「小高い丘にのぼって」

「市中の井戸」

「露天風呂と本と」

「時を重ねる街」（以上「住む」2005年冬号）

「クラフトフェアのこと」（「旅」2009年6月号）

「暮らすこと　作ること」（「MANO 5」2000年）

「手のなかの小さな渦」（「MANO 6」2001年）

本書収録にあたり、それぞれ加筆訂正をおこなった。ほかは書き下ろし。

デザイン　渡部浩美

撮影　三谷龍二

関谷江里（p.108）

編集　丹治史彦（アノニマ・スタジオ）

製版設計　金子雅一、石川容子（凸版印刷）

印刷進行　藤井崇宏（凸版印刷）

用紙　奥秋真一（朝日紙業）

工芸三都物語
遠くの町と　手と　しごと

2009年6月8日　初版第1刷　発行
2018年8月26日　初版第2刷　発行

著者　三谷龍二
発行人　前田哲次
編集人　谷口博文
アノニマ・スタジオ
東京都台東区蔵前2-14-14 2階　〒111-0051
TEL 03-6699-1064　FAX 03-6699-1070
http://www.anonima-studio.com

発行　KTC中央出版
東京都台東区蔵前2-14-14 2階　〒111-0051

印刷・製本　凸版印刷株式会社

ISBN978-4-87758-685-0 C0095

アノニマ・スタジオは、

風や光のささやきに耳をすまし、暮らしの中の小さな発見を大切にひろい集め、

日々ささやかなよろこびを見つける人と一緒に本を作ってゆくスタジオです。

遠くに住む友人から届いた手紙のように、

何度も手にとって読みかえしたくなる本、

その本があるだけで、

自分の部屋があたたかく輝いて思えるような本を。